教えないスキル

ビジャレアルに学ぶ7つの人材育成術

佐伯夕利子
Saeki Yuriko

小学館新書

ビジャレアル

Vila-real

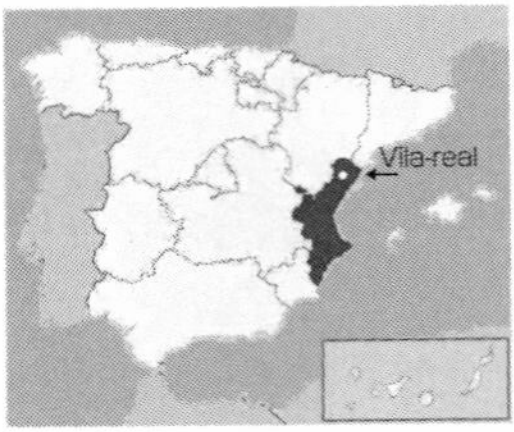

・人口：50,901人
・県：カステジョン県
・自治州：バレンシア州

本書の文中に登場する人物の所属やデータは2021年１月現在のものです。また日本での話は「サッカー」とし、そのほかは欧州の「フットボール」表現を使用しています。

教えないスキル

目次

序章

持続可能な人材育成を目指して

17歳の死

２０２０年10月。かつてマンチェスター・シティFCのアカデミー（育成組織）に所属していたジェレミー・ウェスティンが17歳で亡くなりました。18年にシティから契約を切られていました。

トップチームのイングランド代表であるスターリングや、フランス代表のラポルテも訃報に反応。ウェスティンへの追悼の意を示しました。自死というだけで、報道には動機は書かれていませんでしたが、育成に身を置いてきた私は彼の絶望と落胆を想像し心が震えました。

フットボール発祥の地といわれるイングランドにおいて、シティのようなビッグクラブのアカデミー所属であろうとも、過酷なサバイバル競争に身を置くことに変わりはありません。報道によるとイングランド１部のプレミアリーグのクラブでは、９歳でアカデミーに入団する子どもでトップチームデビューするのは１％に満たないそうです。

13歳から16歳までの間に４分の３以上が戦力外となり、16歳でプロ契約を結んだ選手の

98％近くが、18歳時点ですでに1から5部までの上位5リーグで生き残れません。

最近の調査によると、18歳でプレミアリーグのチームとプロ契約した選手400人のうち、22歳になってもトップレベルにとどまるのはわずかに8人。5年前のデータでは、イングランドの150万人以上のフットボーラーのうちプレミアリーグでプレーしていたのは180人。その確率はたった0・012％になります。

では、スペインではどうか。メッシ、ピケをはじめ1986～87年生まれの名選手が多く活躍しているため、この世代はゴールデン・ジェネレーションと呼ばれています。2000年にメッシが13歳でスペインに来た当時、同じカテゴリーのスペインフットボール協会登録選手数は8万3801人でした。その後、スペイン1部リーグデビューを果たしたのは、たったの48人。20年現在の登録選手数は、メッシが来た00年時に比べ2倍に膨れ上がりました。プロになれるのは2600人にひとりで、その確率は0・038％。プロへの道は非常に険しいものになっているのです。

ここまでの厳しい現実を、もっと真剣に受け止めておくべきだったという反省が私の中にあります。

日本からスペインに来て16年が過ぎた2008年。私がバレンシアCFから、指導者として移ったクラブがビジャレアルCFです。バレンシア州カステジョン県ビジャレアル市という人口5万人ほどの小さなまちが本拠地ではありながら、19－20シーズンのリーガ・エスパニョーラ（スペインリーグ）で5位と健闘しました。

ビジャレアルのカンテラ（育成組織）は、欧州及びスペインで最も堅実な育成機関と評されています。19年11月招集のスペイン代表には、全クラブ最多の4選手が選ばれました。加えて、世代別代表チームの全カテゴリーに選手を送り込んでいるのは、ビジャレアルとバルセロナだけ。19シーズンはトップチーム25選手のうち11名もがカンテラ出身だった時期もあり、「ラ・リーガのホームグロウン率ナンバーワン」という評価をいただくこともあります。

このビジャレアルへの移籍1年目。私はU19（19歳以下）のコーチングスタッフに加わりました。そのころ出会ったコーチのひとりは、選手として輝かしい実績をもって指導者になった人でした。

しかし、その後彼はクラブを去ります。選手時代の収入とコーチとしての収入は「0（ゼロ）」がいくつか違います。急激な生活レベルの変化に対応するのは容易ではなかったと思います。

一度だけ彼から連絡をもらい会いましたが、一指導者でしかない私は話を聴くだけで彼には何もしてあげられませんでした。

引退後5年で6割が自己破産

次に彼のことを知ったのは、彼が亡くなったというニュースでした。

以来、私はずっと自分を責めています。

「自分の対応は正しかったのだろうか？」

「何かできることがあったのではないか」

「私は、本当に彼を助けたいと思っていたのだろうか」

その後、私は世界のあちらこちらで元選手が引退後のキャリア形成に苦しんでいることを知ります。

元ＮＢＡ（全米プロバスケットボールリーグ）選手の約60％が、現役を退いて5年以内に自己破産するそうです。２００８年と少し古いデータではありますがＮＢＡ選手協会が調べたものです。

フットボール界はといえば、元イングランドのプレミアリーグ選手の60％が引退後5年以内に自己破産していました。これはフットボールの元プロ選手を支援する慈善団体Ｘプロが13年に発表した調査結果です。

この当時で平均週給3万ポンド（約４２０万円）を稼いでいた選手たちの一部のことながら、引退後、税金の未払いや投資の失敗、ギャンブル、離婚の際の慰謝料などで出費が膨らみ、破産にいたったのだそうです。日本でも高年俸のプロ野球選手が、怪しい投資や不動産の損益で経済破綻したニュースを耳にしたことがあります。

10代でプロになり一時的とはいえぜいたくな暮らしをした後、故障や、チームにフィットしない、思うように力が伸びないといった理由で、所属クラブのランクが下がる。ランクに比例して、収入も落ちてしまいます。それなのに、若くしてスタジアムの眩《まばゆ》い光を浴びた選手は自身のフットボールバブルがはじけたことを自覚できないのです。

「高級車から軽自動車に乗り換えられる感覚が備わっていないと、プロとしてキャリアを積んでいくことはできない」

彼らが生活水準を落とすことができない様子を、私たちはこのように例えます。

ここで、スペインリーグ（20－21シーズン）の構成を、簡単にご紹介します。

1部　プリメーラ・ディビシオン（20チーム）＝プロ
2部　セグンダ・ディビシオン（22チーム）＝プロ
3部　セグンダ・ディビシオンB（102チーム）＝セミプロ
4部　テルセーラ・ディビシオン（397チーム）＝セミプロ
5部以下　アマチュア

年俸額の大きさや格差はもちろんですが、例えばJリーグと比べると3~4部のチーム数が大きく異なることがわかります。J3のチーム数は18、4部相当のJFLは16（ともに2020シーズン）ですが、スペインは102、397。つまり、スペインでは、下に行けば行くほど、クラブ間も選手間も、サバイバルの度合いは熾烈を極めます。

けがをしたり、戦力外になったら、収入がゼロになるかもしれないリスクと常に背中合わせ。スペインの厳しいフットボール界を生き抜くことは、薄い氷の上を歩くようなものなのですが、彼らにはその感覚がわからないようです。状況が変わっても、何百万、何千万円という大金が毎月支払われる感覚で生活しがちでした。

期待するような収入を得られない3部、4部リーグに移籍した選手、安定的な報酬を得られない女子選手が、八百長を持ち掛けられやすいようです。1部や2部で何千万円と稼ぐ選手は近寄られません。なぜなら、お金に困っていないからです。女子を含めすでに逮捕された選手もおり、八百長問題は欧州フットボール界では大きな問題になっています。

もうひとつ、彼らの問題を複雑にしているのが、代理人の存在です。選手のキャリアアップを後押しし、サポートできる素晴らしい代理人がいる一方で、クラブからクラブへと選手を動かすだけの人がいるのも事実です。無論、それが彼らの仕事ではあるのですが、税金や資産管理についてもサポートや教育をすべきとも考えます。

「4-3-3の話は卒業しよう」

こんなにもハイリスクな現実を見て見ぬふりしたまま、お預かりしている選手たちを「フットボール選手」としてしか育成してこなかったのではないか――。他のコーチとも何度もそんな話をしました。

「選手じゃなくなった時の彼ら」に責任を持とう。そう誓い合ったのです。

他クラブからは「育成部とか下部組織は必要ない。他クラブの23歳以下（のチーム）から買ってきたほうが、育成にかかる年間費用を考えると効率がいい」という声も聞こえてきます。それも事実です。

ビジャレアルはU12以上の100人が寮に入り、クラブが衣食住をサポートし、学校の授業料も面倒を見るのに加え、個々で違いはありますが報酬もあります。育成に費やす経費は決して低くありません。

とはいえ、育成力を磨くことは、人口5万人ほどの小さなまちのクラブが、スペインリーグという世界屈指のハイレベルなマーケットを生き抜く術ともいえます。つまり、サバイバルできる選手を育てることが、クラブのサバイバル術。生命線でもあるのです。

私たちには「育成のビジャレアル」という看板を掲げ、育てた選手の対価を財政基盤にしてきた育成型クラブとしての矜持《きょうじ》もありました。

そんな背景もあって、もう一段上のコーチングメソッドを構築しようと、14年から指導改革に乗り出すことになりました。

「これからは、大人になってからではなく、彼らと出会った瞬間からケアが開始されるべきだ」

「フットボーラーを育てればいいわけじゃない。〝人〟を育てるのだ」

「人格形成ができることは、必ずフットボーラーとしての進化を促進させるはずだ」

そんな結論に達した私たちは、この改革を「ビジャレアルCF人格形成プロジェクト」

と名づけました。

メソッドダイレクターとして、コーチデベロッパーの専門家であるセルヒオ・ナバーロが加入。彼はクラブハウスにやってきた日、私を含めた１２０人の育成コーチに向かって言いました。

「ポジショナルプレーや４－３－３といったサッカーの戦術や技術的なことを、君たちはもう熟知しているはずだ。お腹いっぱいだろう。この話は卒業しよう。今日から、みんなで変わろう」

新しい人材育成を目指した私たちの指導改革は、こうしてスタートしたのです。

スペインの28年を日本で活かす

私がビジャレアルで指導改革に没頭しているころ、日本のスポーツ界では暴力指導の問題が表面化していました。

スペインでは指導者が子どもに暴力をふるったら、親や他のコーチが怒り始めて警察沙汰になります。だから、蹴るとか叩くなんてあり得ません。暴言を浴びせても同様に、周囲から責められます。小学生年代にいたっては、ルールで全員が試合に出場しなければならないようになっており、ひとりでも試合に出なかった選手がいたチームはサスペンション（試合への出場停止など）が課されます。このルールを知っている保護者から「コーチ、うちの子、出場時間が少ない」とクレームが届きます。

したがって、日本のスポーツや教育現場のハラスメント案件に対し、直線距離で1万キロ以上離れたスペインにいる私は全身全霊で怒っていました。日本のスポーツ指導の現場では絶対君主的な制度が蔓延しているうえに、企業のなかで上司にあたる人たちも部下に対し「ちゃんとやれ」「なんでできないんだ」と圧迫して指導する。それがすでにパワーハラスメントの域に突入していることに本人たちだけ気づいていない。

つまり、子どものスポーツとビジネスシーンが内包する問題は、類似していると感じました。圧迫して萎縮させる関係性はおろか「なんでできないんだ」などと発する言葉までもが、同じなのです。

もちろん日本にも素晴らしいスポーツ指導者がたくさんいます。部下に寄り添い力を伸ばせる上司の方も多くいることでしょう。

とはいえ、個へのアプローチのまずさが目立つのも事実です。指導者もビジネスパーソンも、少なくとも欧米ではあり得ない言動が、いまだに平気で容認されているようです。なぜ日本の思考だけ、なかなか進化しないのでしょうか。いきなりすべてを変えようとしたら、法で罰するしかありません。でも、それは現実的ではなく、何より根本的な解決にはなりません。

では、変わってもらうにはどうすればいいのか。

少しずつ共感してくれる人、同意してくれる人を増やしていく作業しかない。地道に伝えていくしかないと考え、18年からブログなどで日本に向けて少しずつ発信することを意図的に始めました。（佐伯夕利子オフィシャルブログ「PUERTA CERO」）

私が日本語で発信することで、それを読んで共感してくれる人が現れ始めました。おかしいなと感じていたけれど上手に表現できなかったり、外からのフィードバックがないため、もしかしたら自分の感覚がおかしいの？　自分が甘いのかな？　と考えていた人たちが「やっぱり、これっておかしいんだね」と気づいてくれました。そんな人をひとりずつでも増やしていくことが一番の近道なのかなと思い、地道に続けてきたのです。

小さな影響で十分だ。スペインでの二十数年間を日本に活かせたらいいな。

そう思ったのが、日本への発信を続けた動機でした。


その後、14年から始めた指導改革が実を結び始め、ビジャレアルのメソッドを日本に伝える機会が少しずつ増えてきました。

「指導者は、選手の学びの機会を創出するファシリテーター（潤滑油）に過ぎません。私たちのクラブでは、指導者個々の内省から、これを指導哲学のベースとしています。選手のみなさん、保護者のみなさん。選手をけなしたり、威嚇し恐怖を与えたり、責任を背負わせたりする人は支配者であり、決して指導者ではありません」

そんな文章を書いては、私なりに警鐘を鳴らしてきたのです。

持続可能な人材育成術

そうやって発信してきた私に2020年、4つの転機が訪れました。

ひとつめは、20年3月からJリーグ常勤理事に就任したことです。任期22年3月に行われる社員総会までの2年間になります。村井満チェアマンを始め優秀な人材が集まるJリーグの一員として、社会連携やフットボール部門などさまざまな分野で貢献できればと思っています。

またコロナ禍においてリモートでのコミュニケーションが可能になったことで、スペインから発信するチャンスが増えました。リモートセミナーの講師を務めたり、スポーツ関係者が主催するオンライン学習会に参加できるようになりました。要するに日本との距離がぐっと縮まった。これが、2つめです。

そして、3つめが、久保建英《くぼたけふさ》選手のビジャレアルへの期限付き移籍です。

彼が来てくれたことで「クボタケが選んだクラブに日本人スタッフがいるらしい」と、

私の存在を知ってもらえました。彼が入団した8月から、日本メディアからのリモート取材が一気に増えました。地を這うように地道に発信してきたことが、期せずしてネット媒体やテレビで伝えてもらえるようになったのです。

そして、4つめ。本書『教えないスキル　ビジャレアルに学ぶ7つの人材育成術』で、私たちが構築してきたメソッドを伝授させていただく機会に恵まれました。

「構築してきた」と書いてはみたものの、実際はまだ取り組みの途中です。もともと14年に改革をスタートさせたとき、10年は要するだろうとコーチ陣で話しました。例えば、当時U13の子どもたちがU23になってみなければ、その成果ははかれないだろう、と。長期のスパンで自分たちが成長し、指導環境が改善されていくという認識がありました。「まあ、どうせ10年後はこのクラブに僕たちはいないかもしれないけどね」と、ナバーロは笑っていました。

その言葉通り、彼は改革スタートの序盤、3年間ほどの在籍でした。現在は、ラ・リーガ1部レバンテUDでコーチを務めています。すでにクラブにはいないのです。120人もコーチを抱えているので、彼のみならず人の入れ替わりはあります。

ところが、人は替わっているけれど、育成に関するコンセプトは継承されています。6年めという道半ばなうえ、コーチ全員が目指すかたちで指導できているわけではありませんが、三歩進んで二歩下がるかのようにゆっくりと前進しています。

つまり、新しい風が吹くように「人」が入れ変わっても、「文化」のかけらが土としてそこに残る。ビジャレアルの「SDGs（エスディージーズ＝持続可能な開発目標）」です。

そのかけらを集めた人材育成がサステナビリティ。持続可能な社会を10年かけてつくっているわけです。


その意味から、本書は「持続可能な人材育成術」かもしれません。何年、何十年経っても参考にしてもらえる。それが「教えないスキル」、教えずして人を伸ばす方法です。

私たち大人は、子どもや若者が自分で考える機会を奪っていないでしょうか。萎縮させず、対等な関係性を築いているでしょうか。心地良く自由に学べる環境を与えているでしょうか。

第1章から7章までの「教えないスキル」は、脳科学、行動科学、心理学、教育学のエビデンスをもとに、10人の心理学者のサポートを得てつくりあげてきたものです。

新型コロナのパンデミックに見舞われた20年から、各地で「ビルド・バック・ベター（より良い復興）」の声が上がっています。

スポーツ、教育、家庭、そして、ビジネスなど、あらゆる人材育成の現場で、新しい時代に有効な個へのアプローチに役立てていただけると幸いです。

reflection

第1章 自分の言動に意識をもつ

「君たちはどんな選手を育てたいの?」

「ポジショナルプレーや4-3-3といったサッカーの戦術や技術的なことを、君たちはもう熟知しているはずだ。お腹いっぱいだろう。この話は卒業しよう」

指導改革をリードするメソッドダイレクターのセルヒオ・ナバーロにこう言われた日から、私たちのメソッドプロジェクトが始まりました。

トップチームを除く3歳児クラスからU23までの18カテゴリーと、女子や知的障がい者チームのコーチ、約120人で行いました。

彼を中心に、クラブに所属する心理学の専門スタッフ(以下、メンタルコーチ)とでチームをつくり、指導者の価値観の再構築とマインドセットに取り組みました。

日本でメンタルコーチといえば、選手をケアするのが仕事と思われがちですが、本来は監督、コーチなど指導者のサポートも行います。

最初のミーティング。

何しろ私たちにとって初めての経験なので、何をどうすればいいのか皆目見当がつきません。完全に「受けの構え」で彼らの前に立っていました。

「ビジャレアルがどういう選手を育てていくのだと、あなたは決めているのですか？」

メソッドプロジェクトの責任者として、私たちは彼に尋ねました。

指導者としてスペイン以外の欧州の国々を渡り歩き帰国したばかりのナバーロへのリスペクトも、当然ありました。

すると、彼は温和な笑みをたたえながら口を開きました。

「いやいや。あなたたちはどういう選手を育てたいのですか？」

私たちは全員、きょとんとしてしまいました。

なぜなら私たちは、彼にこんなことを言われるだろうと予測していました。

「ビジャレアルは4－4－2で全チームを統一します、トップチームのプレースタイルに倣って、ツートップはこういうタイプの選手にします」

ビジャレアルCFのチーム構成人数　（　）内は選手の人数

トップ	U23	U21	U19	U18	U17	U16	U15	U14	U13
(25)	(22)	(22)	(22)	(22)	(22)	(22)	(22)	(22)	(22)

小6	小5	小4	小3	小2	小1
A (12) B (12) C (14) D (14)	A (12) B (12) C (14) D (14)	A (12) B (12) C (14) D (14)	A (12) B (12) C (14)	A (12) B (12) C (14)	A (12) B (12) C (14)

5歳児	4歳児	3歳児
(40)	(30)	(20)

レディース	トップ	B	C	U16	U14	U12
	(22)	(22)	(22)	(22)	(22)	(14)

知的障がい	A	B	C
	(14)	(14)	(14)

３歳児からトップチームまで、およそ800名の選手が在籍。合計10面のピッチ、オフィス棟、育成選手用の寮には約100名が生活する。2012年に２部降格するも１年で復帰。UEFAクラブランキング24位。（2020年3月現在）

例えばそういうことを一方的にどーんとインプットされ、それに沿って私たちがチームをつくっていく。そんなイメージしか持ち合わせていませんでした。

それなのに、まったく答えをもらえないのです。

(何なんだ！　この場は)

(一体あなたは何なの？　何をしてくれる人なの？)

少しばかり目つきが変わった他のコーチの様子を見て、彼らの気持ちはすぐにわかりました。私も同じ感覚でした。

私たちは混乱しました。思えばこのときまで、私たちの学びの文化はまさに「受け身」でした。

それからも、一切答えはもらえませんでした。

解答用紙の代わりに、彼は私たちに問いかけながらヒントをくれました。

「結局さ、誰かが『はい、こうこう、こうしますよ』ってみんなに指示を出すことで、何が得られるのかな？」

「あなたたちがどういうチームにしたいのか。どういうクラブにしたいのか。どんな指導者になりたいのか。どういう選手であってほしいのか、っていうのを自分たちでアイデアを出し合って、自分たちで決めていく。そうやってみんながある程度了解した状態でプロジェクトを進めてこそ、納得感があるから足並みが揃うし、意味が出てくるんじゃないのかな？」

そのような問いをもらいながら、彼がいないところで指導者たちがディスカッションするようになりました。時間はかかりましたが、さまざまなことをボトムアップで決めていく風土が生まれました。構築していくべき指導哲学、フィロソフィーのようなものを考え始めたのです。

「指導者としてプロフェッショナルだというのなら、選手のピッチ上でのパフォーマンスだけに注力していいのだろうか？」

「彼らがフットボール選手じゃなくなったとき、ビジャレアルというビッグクラブの後ろ盾がなくなったときに、彼らがどんな人間になっているかというところに責任をもつ。それがプロの指導者としての責務ではないか？

「彼らが華々しい状態でなくなったときに、私たちの指導の成果がはかられるべきではないか？」

「今リーグで何位になりました、代表選手に何人輩出しましたと自分の勲章のように誇らしげに語るのは、本当にプロの指導者なのか？」


そうやって自問自答しました。「選手のあるべき姿」の定義を、120人のコーチたちは実に10か月かけて言語化したのです。

コーチにカメラとピンマイクをつける

そこから出てきたのが、いま一度自分たちの指導を振り返ろうというアイデアでした。総勢120人のコーチたち、一人ひとりのコーチングをつぶさに撮影しました。選手たちへの声かけや、どのタイミングでどこを見ているのか、何に注目して指導しているのか

指導するコーチ。指導の様子を撮影してコーチに振り返ってもらうプログラムは日本にも存在する。ビジャレアルではコーチがウエラブルカメラとピンマイクを装着し、対象となる選手の反応まで観察した。（著者提供）

がわかるよう記録しました。

ピッチの外からコーチの姿や声をカメラでとらえるだけではありません。撮影される側のコーチには胸にアクションカメラとピンマイクをつけてもらいます。そのコーチに指導された選手たちが、その指導をどう受け止めているかを探るためです。

そのコーチの指導を前向きに受け止めているのか、それとも萎縮しているのか、もしくはまったく理解できないのか。そういったことが、コーチの胸につけたアクションカメラに映る選手の表情や動きに鮮やかに浮かび上がるのです。

そうやって撮影したビデオを見て、私たちコーチは互いに指摘し合います。

「あんなにシリアスに言ってしまうと、選手は怖がっちゃうよ」などと指導者のアティチュード（態度）に言及するものもあれば、「あそこは選手に自分で考えさせたほうがよかった」というものも。もちろん良い指導を認め、「あの声がけは良かったね」と褒めたりもしました。

それまでは、ビデオに撮るのはチーム全体のプレーであり、ビデオを見ながら「全然走ってないね」などと評価の対象になるのは選手でした。ところが、このプロジェクトでは、評価の目が自分たちコーチに向けられます。

「なぜ、あそこであの声がけしたの？」と突っ込まれたり、突っ込んだり。コーチ歴の長いベテランも、新人もそこでは対等でした。

私自身、当時ですでに指導歴は20年を経過していました。ベテランコーチと呼ばれる状況です。自分が指導する姿を見ること、仲間に見られること、本当に恥ずかしくてたまりませんでした。コーチ全員が同じ思いだったはずです。

お互い痛みを伴ったわけですが、そこから自分たちのリフレクション（内省）が進みました。この会議によって多くのコーチが自分の指導を見直しました。

会議を続けていくと、選手への声がけに支配的なワードが目立つことが明らかになりました。こうしろ、ああしろという指示、命令。選手へのダメ出し。否定です。そういったことをしてしまっていることへの気づきとともに、カメラや、マイクをつけ、自分を可視化するプロセスによって何事も「俯瞰で見る」癖をつけることができました。

「どんな指導が効果的か」「どんな言葉がけがいいか」といったことは、後の2、3章でお伝えします。が、そういった方法論以上に「自分の言動に意識的かどうか」の振り返りをする習慣が重要だと感じています。

自分たちの指導をビデオで見ると「そこ、狭いよね」「右！」「シュート！」と、目の前で起きる現象について言葉を発していることにも気づかされました。よくいわれる「リアクション・コーチング」です。

これは恐らく一般企業でも見られるものでしょう。上司が部下に「（仕事の）進み具合が遅くない？」「こんなこともできないの？」と、部下自身もわかっているであろうことをわざわざ言ってしまいます。

「これって、意味があるのかな」
「選手のためになっている？」
コーチ同士で顔を見合わせては、「ノーだね」とため息をつく。そんなことが繰り返されていました。

互いに問いを投げかけ、それに対して各々がリフレクションを行う。それを会議で言葉にすると、コーチ仲間からフィードバックがもらえます。それぞれが自分の考えを整理しながら、課題及び解決法を共有する。そういった学びの場を週に一度、最低2時間、設けていました。

その声がけに「意図」はあるか

私自身の指導を振り返ってみましょう。

試合中、私自身が思っていたのと違うアクションをとった選手に対し、ほぼ何も考えず声がけをしていました。

「なんで今の右出すの？　左じゃないの？」

「見えなかったの？　左がフリーじゃない」

そこには意図もなければ意識もありません。なぜ自分がその言葉をかけているのか。なぜ左でなければいけないのか。その選手が判断した右へのパスが、どうしてダメだったのか。私のメッセージに含まれる意図は皆無でした。

そんなことに気づかないまま、長年指導してきたことに気づかされるたびに、顔から火が出るような思いでした。本当に恥ずかしかったけれど、そのたびに「いや、今この瞬間は痛みを伴うけれど、気づいてよかったのだ」と自分に言い聞かせました。


そこから、メンタルコーチがマンマークで、私の指導のありようをメモを取りながらカメラを回してくれました。大袈裟ではなく、私の影となり、練習や試合での態度、声がけをチェック。その都度、私が発した言葉の「仕分け」をしてくれたのです。

それは、大きく分けて三つあります。
①選手を肯定したり鼓舞するようなポジティブなメッセージがどのくらいあるか。
②ダメ出しを含めたネガティブなメッセージはどうか。
③同じ選手に何回声をかけたか。
最後の③は、ポジティブ、ネガティブ含め、A君には13回声をかけたけれど、B君にはたったの2回。なおかつ、その13回と2回の内訳まで細かく記録されていました。

このデータと映像をもとに、メンタルコーチとミーティングをします。

ネガティブなメッセージとポジティブなメッセージの内容（言葉）は何を意味するのか。

そのワードは差し替え可能な、違うもの、異なる言い回しがあるのではないか。

何を目的として、A君にその言葉をかけたのか。


これらをひとつずつ、一対一で質問してもらいながら、冷静に見直していくような作業を続けました。

彼らに尋ねられることで「なんでこう言ったんだろう？」「他の言葉はないだろうか？」と考え始めます。そうすると、その都度「言葉」や「行動」の意図を考えるようになります。それまで注目したことのなかった自分の言動を、振り返る習慣が生まれたのです。

その結果、発する言葉を自分で意識して選ぶようになったり、選択肢を増やすようになったり、自然に言葉の仕分けを自分でするようになりました。

さらにいえば、その言葉が及ぼす影響力を少し意識し、意図的に使い分けるようになってきます。このことは、フットボールの指導以外に、クラブの総務を任されるようになってからも役立ちました。例えば「これやって」と命令するよりは、「今やれそう？　やってもらえると助かるな」と伝えたほうが仕事はスムーズです。

まだまだパーフェクトではありませんが、そこに意識や意図が芽生えることがいかに重要かを個人的に学んだと思っています。

振り返ると、メンタルコーチたちの存在は、指導改革に挑む私たちにとって非常に大きなものでした。

「こうするとよくないよ」とか「こうするべきだよ」といったアドバイスは一切しません。あなたは指導者としてこうだというジャッジもありません。前述したような作業を繰り返しながら、私たちが自ら気づけるよう導いてくれました。

積極的にレクチャーをしたり、セミナーを開くこともしません。完全に裏方に徹していました。彼らは事あるごとに「自分たちは答えをもっている人間ではないし、問題を解決する仕事でもないのよ」と話していました。自分たちで気づいたものを学びにしなさい、というわけです。

私たちが自分で気づいたように、選手にも気づいてもらう。自分たちと同じ道のりをたどれるよう、選手たちに施せばいい。そういったことを教えてくれました。

メンタルコーチは改革が始まった当初は２人だったのですが、徐々に増えて10人が雇用されました。

古い慣習を壊す

改革に踏み出したところ、メソッドダイレクターやメンタルコーチからこんなことを提案されました。

「まず、アンラーンから始めよう」

アンラーン（unlearn）は、学習の棄却、学びほぐしなどと訳されることが多いようですが、感覚的にしっくりくるのは「学び壊し」という表現かもしれません。育成部に所属する約１２０名のコーチたちは、まずこの学び壊しにより、個々がこれまで信じて止まなかったスタンダードや、当たり前、常識を、根こそぎ覆されました。

学び壊しの対象となったのは、例えば以下のようなものです。

ホワイトボードとマグネットを使って、監督が一方的に選手の動きを指示する試合前のミーティング。

トレーニングにおけるエクササイズの構築が自チームの「選手」ではなく、「相手チーム」に起因した発想（相手が長身だからハイボールの対応、など）。

試合中の、選手に対する過度なアドバイス。


それらの指摘が、それなりの自信と、大人のエゴで溢れかえる私たち指導者にとっては、自分たちを全否定されたかのようで悔しくてたまりませんでした。すねてみたり、ふてくされたり、反発し、メソッドダイレクターと口論する者もいました。

それでも、クラブハウスの丸テーブルを囲んであれこれと話すうちに、誰かが何かいい意見をつぶやきます。


改革のプロセスで、私たちの間で流行った言葉をひとつ紹介しましょう。

「とにかく、一周しておいで」

仮に、自分が信じているものがひとつある。ここに長らく居座ってきたけれども、一度ぐるっと一周回ってまったく違うものを見てきてはどうか。それでも「前居たところがいい」となれば、戻ってくればいいじゃない、という話です。動いたこともないのに、他を否定するだけなのはあまりにももったいない。だから、とにかく一周しておいで、と言うのです。

思うにフットボールの指導者は我が強く、キャラクターの濃い方が多いようです。

これは私も含めてですが、自分が思う理論やスタイル、このような選手はこのポジションをやらなきゃいけない、勝つためにはこういうシステムで臨まなければいけないといったことまで、こうでなければいけないというこだわりが非常に強い。

その確信が強すぎると、視野が狭まり、他者の意見を受け入れられなくなります。成長が止まってしまう要素になりがちです。

例えば「久保建英は左サイドじゃなくて右サイドじゃなきゃダメだ」右じゃなくて左でもいいかもね、いや真ん中でも、トップ下でもいいかもしれない。勝手に自分で思い込んでいるのです。

よって、自分でこうだと思っている確固たる信念みたいなもの、一番譲れないものにこそ「クエスチョンマークをつけて、こころに余白をもて」と教わったのです。

当時、私が譲れなかったのは「規律」でした。アスリートとしての規律を選手に求めていたのです。例えば時間を守る。オフでも遅くまで飲みに行かない。フットボーラーたる者は24時間３６５日、ストイックに自分を律していなければプロ選手とはいえない。そういうことが私のなかでは重要でした。

でも、よく考えると疑問がわきます。

20歳くらいの選手がオフの日、ストイックに家で野菜だけ食べているだろうか？　それが本当に彼らのためになるのか？　いや、それは違うよねと思えるようになってきた。それが私自身の進化です。

スペインにはラファエル・ナダルという男子プロテニス協会（ATP）のランキング2位のテニスプレーヤーがいますが、彼は同じ年の若者がやるようなこと（飲みに行く、ディスコで踊るなど）はすべて自分もやってきたそうです。彼は「行きすぎない範囲で、普通の生活を楽しむことがトップアスリートにも大切だ」と話していました。

思えばつまらない小さな信念みたいなものが、自分の成長を妨げていました。罰することや奪うことで管理をしようとしていた自分というのがどうしてもどこかにありました。そうすると、監督にばれたらやばいから隠れて飲みに行こうとする選手も出てきます。オフだからいいよ、信じているよと送り出せば、選手は主体的になる。監督は自分を自己管理できる選手だと認めてくれていると、信頼関係にもつながります。習慣化している。自分が信じてやまない。そういったことにこそ、あえて「？」マークをつけ、疑ってみましょう。きっと多くの気づきが得られるはずです。

それが学び壊しです。

ラーン（Learn＝学び）

↓

アンラーン（Unlearn＝学び壊し）

↓

リラーン（Relearn＝学び直し）

この繰り返しこそが、指導者に不可欠です。指導者一人ひとり、それぞれ異なる「学び」が繰り返される。こうしたいくつもの「学び」を言語化し、指導者間で意見を交わし、ディベートを繰り返す。それをクラブ内で共有していくことで、コーチングレベルは間違いなくアップするのです。

これは、教育やビジネスの現場でも同様でしょう。学校や組織で議論する。良い子育てだなと感じる家庭は、両親が対等に子どものことを話し合っていると感じます。

自分の感情と距離をとる

学び壊しは、他者からダメ出しをされたり自らを否定する作業なので、コーチたちにとって非常に痛みを伴うものでした。改革を受け入れず感情的になったり、ふてくされて殻に閉じこもる者も現れました。

そこで、心の知能指数、一般にいう「ＥＱ」を高めるべきという意見が出てきました。ＥＱとは「感情のマネージメント力」を意味します。

「情熱の国」といわれるスペインの人たちは、喜怒哀楽の感情表現が豊かです。笑顔で明るく社交的な人が多いのですが、時にエモーショナルに映ることもあります。

私たちコーチ陣も、試合の勝ち負けに一喜一憂したり、自分たちの雇用契約に影響を及ぼす「結果」に翻弄されたりしている。過度な感情表現をしているのではないかという反省がありました。

感情的になると、大切なものを見落としがちです。

私はメンタルコーチからこんな質問を受けました。

流れる河を、川岸から見ている自分をイメージしてみよう。上流から「感情丸」という小舟が流れてきました。あなたなら、その「感情丸」をどう扱う？

①「感情丸」に飛び乗って自分も一緒に流れていく。
②「感情丸」が下流に流れていくのを、そのまま岸から眺める。

ここで私は、それまでの自分が①だったと振り返ります。そして「感情に執着すると本質を見失う」ことを学習したのです。

だから「自分の感情と距離をとる」トレーニングをしよう。一緒に流れるのではなく、岸から眺める。

そうすることで、指導における「本質的なものの優先順位」を間違わなくなるよ、ということを学びます。自分の感情を「賢く取り扱う」ことができれば、指導者としてさらに成長できるからです。

私は小さいころから気が強く、短気な性格でした。それを親からも指摘されながら育ちました。しかし、そのことはなかなか改善されないまま大人になります。

さらに悪いことに（?）、サッカー監督という組織のなかで極度にアンタッチャブルなポストに就いて、ますます「怒りん坊」が助長されていた時期がありました。

私が賢い感情の取り扱い方法を学べば、イライラや怒りに無駄に振り回されることがなくなる。怒りを程よい加減で適時に適所で表現できるようになるだろう。そこを目指して取り組みました。

不思議なことに、そのプロセスでメンタルコーチから「怒ってはダメ」とか「怒らないようにしましょう」というメッセージは、一切ありませんでした。怒りは、必要な感情のひとつであるという理解なのでしょう。


加えて、アンガー・マネージメントのトレーニングも個人的に受けました。日本でもメジャーなプログラムなので、ご存じの方は多いかと思います。無論、内容はまったく同じではないと思いますが、私は「思考」「感情」「アクション（行動）」といった三要素の関係性を学び、怒りの仕組みを理解しました。

果たしてＥＱが高まったかどうかは「？」ですが、自分の感情と距離をとることを学んだことで変化がありました。少なくともそれまでかなりストレスフルな指導をしていた自分からは解放されました。勝たなくては。結果を出さなくては。そんな「こうならなくては」と焦る気持ちを分解し、意識を選手の成長にフォーカスできるようになりました。コーチングを心から楽しむ余裕が生まれたのは間違いありません。

これは、のちに総務としての業務をこなすうえでも、大変貴重な学習になりました。誰かと誰かをつないだり、連絡作業をするなかでは、ミスや誤解は意外と起こります。収益や効率をにらみながら、それぞれが業務を行うビジネスの現場にこそ、自分の感情を賢く取り扱う力が必要になるのです。

行きすぎた発言をした監督に詰め寄る親たち

人に負の感情が現れるときは、葛藤があるときです。目の前の選手が、自分の思い通りに動いてくれない。試合の流れも悪い。そうなると、コーチはイライラしがちです。

例えば、スペインでちょっと行きすぎた発言をした監督がいるとします。それを外から聞いていたお父さん、お母さんは、試合が終了すると同時にすぐに監督のもとに詰め寄り、意見します。

「さっき子どもたちにこう言っていたけど、あなたは子どもへのリスペクトに欠ける。心からのリスペクトをもって子どもたちに接してください。そうでなければ、私たちもあなたに対してリスペクトをもって接することはできません」

これと同様に、横暴な上司がいたとしたら、やはり社員から一気にそういった声が上がります。

「ちょっと待って。私、あなたにリスペクトを欠いたことがあったかしら？　ちゃんとリスペクトして話してきましたよね？　であれば、あなたもリスペクトしてください」

フットボールクラブのなかでも、それが役員であれ、部長クラスであれ、必ず言います。すると、大概は「ごめんなさい。さっきはちょっとイライラしてて、思いもしていないことを言っちゃったね。リスペクトに欠けるコメントしちゃってすみません」と素直に謝ります。

スペインの人たちは、口げんか上手で、仲直り上手。あまり遺恨を残さず口論できるのです。ひと悶着あったのがまるで嘘のように、2人で肩を組んでバーでワインを飲んでいたりします。

感情をぶつけて子どもみたいに口げんかがちょこちょこできるので、自分のお腹のなかに怒りや葛藤をため込まずに済むのかもしれません。

ペティコミテをやめよう

私たちの改革の話をすると「お互いの指導にダメだしするときにけんかになりませんでしたか?」とよく聞かれます。皆さんが想像されるほど、そんなに争わなくて済みました。要因は4つあると考えます。

ひとつめは、すでにお話しした口論が上手な国民性。2つめが、心の知能指数を上げる作業です。

加えて3つめが「ペティコミテは許さない」という文化でしょうか。スペインのみならず欧州全体に浸透しています。

このペティコミテはフランス語を起源とした言葉で「ミニ会議」を表します。日本で言うところの派閥みたいな小グループが形成され、あちらこちらでヒソヒソ話が多い組織は評価されません。「ここだけの話」が多いのは、成長できない組織と言われてしまいます。

私がバレンシアに移籍してすぐについた上司が、一番最初にチームのルール、約束事として教えてくれました。

「ペティコミテだけは絶対にやめてくれ。じゃないとチームとして機能しなくなるから。言いたいことがあったら、自分に言いに来なさい」

その人に学んだのは「問題をもち込むときは解決策を添付してから来なさい」でした。あの人はああで、こうなので、困るんです。あの人はこんな仕事ぶりで、とてもずさんだと思う。そういったクレームだけをもってくるのではなく、そのことに対してユリコが考えたソリューション（解決策）を添えてもってこい、というわけです。

「問題だけもってきても、私は君を受け付けない。差し戻すよ。よって、必ず自分で考えて、こうしたら解決すると思う、こうあるべきだと思う、それにはこのようなソリューションの選択肢がある。そんな試案をもってくるのであれば、話を聞くよ」

まさにそうだ、と腑に落ちました。

日本の社会では、ジャッジが多いと聞きます。あの人は使えない、私には無理——。そのため、管理職やリーダーたちは、クレーム処理や人間関係の交通整理に大変だというのです。

これは恐らく、私たち日本人が、自分で考え、自分で方法を選択し、解決するよう教育をされていないからかもしれません。

4つめは、多様性を受け入れたことです。人は、自分と相容れない意見の人と距離を置きがちです。

でも、例えばコーチ陣が何かのカテゴリー別に20～30人で編成されているとして、その30人みんなが毎日一緒にごはんを食べに行ったり、遊びに行ったりするように仲よくしているわけがありません。意見が対立したり、誤解が生まれたり、仲間の異なる見方を飲み込むまで時間がかかったりします。

ただし、互いをリスペクトし許容することが、組織で何かを成し遂げていくには重要な要素です。このことを、私たちは改革のさなかに口癖のように話していました。

「受け入れられなかったら、まずは受け止めよう」

受け入れられないからといって、はねのけたり、遮断したり、エクスクルージョン（除外）してしまっては、何も機能しません。自分に耳触りのよいことを言ってくれる人ばかりがまわりにいても、成長は望めないでしょう。

仲間の意見を受け止める作業をやらないと、組織や社会は機能しないんじゃないの？と話し合いました。

改革開始から1年。最初のうちは、誇りを踏みにじられるような感覚をどこかで感じながら、一歩を踏み出しました。指導改革の流れを受け止めることができないまま、クラブを去った仲間もいました。それでも、多くの仲間が「面白そう！　そんなこと言われたのは初めて。やってみよう」と、それまでとは違う意見や視点を受け入れたのです。

自分自身を振り返り学び壊すことが、教えずして人を伸ばす「教えないスキル」を探究する出発点になりました。

question

第2章 「問い」を投げる

自分の力が及ばないことは気にしない

改革のテーブルに着いたばかりのころ。私たち指導者の口をついて出てくるのは、「勝つ」「結果」「相手」といったワードばかりでした。そのたびに、メソッドダイレクターやメンタルコーチから素早い突っ込みがあったことを今でも思い出します。

「勝つためには……」

「相手のフォワードが……」

そんなことを言おうものなら、「それは、あなたがたの力でどうにかなるものなの？」と指摘されたものです。プレーするのは選手。自分の力が及ばないことに時間を費やすのは無駄である、ということです。

メンタルコーチからは、以下のような質問を受けました。

駅を通過する電車をイメージしてみよう。

何が見える？

君は、その電車に乗っている自分が見える？
それとも、通過するその電車に乗っている君を、駅のホームから見つめる君も見える？

電車にサッサと乗ってしまうのか。駅舎から通過電車に乗っている自分を見つめるのか。意識の置きどころ次第で、見える世界はまるで違うというわけです。そこから「指導者が、勝ち負けにどっぷりと意識を奪われていたら（気をとられていたら）、選手の学びや成長に気を配れるはずがないよね？」というところにたどり着くのです。

「結果」とか、「相手」とか、「勝ち負け」などは、自分が何かすればどうにかなるものではない――そのことに指導者自身が気づきます。

そして、ここでいう「結果」の解釈は、勝敗はもちろんのこと、「（結果的に）ゴールを決めた」とか「出せと思ったほうに（結果的に）パスを出した」といったことも「結果」として理解します。

それまでの指導者としての二十数年間、私は、暴言を吐いたり、人を罵ったり、軽蔑したり、物を投げつけたり、蹴飛ばしたりしたことはありません。ただただ、熱く、厳しい指導者だったと思います。

「プレス遅れてるよ!」「ラインが下がりすぎじゃない?」「左が空いてるでしょ?」

多くの指導者がすでに自分が出している「答え」を選手に押しつけるように、私にもその習性がありました。

選手に何が見えていて、彼らがどう感じ、何を思い、何に危険を感じ、何に自信をもって判断にいたっているのか。

これらのことは、私が自分の答えを押しつけたままでは永遠にわかりません。であれば、そこから離れて、「自分が行動すれば変化が起きる」ことに集中したほうがいいと悟りました。

行動を変えて最初に起きた変化とは

自分の力が及ばないことは気にしない、執着しない。このことは理解できました。では、指導者が行動すれば変化が起きるものは、果たして何でしょうか。

カメラとマイクをつけ、自分の指導をビデオで丸裸にされながら、私たちコーチ陣は少しずつ気づき始めました。

「指導が一方通行だ。子どもの判断に対し、僕らは自分の考えを押しつけるばかりで、彼らの判断について尋ねてみたことがあっただろうか」


練習中のグラウンドが、少しずつ静かになりました。指示、命令が目に見えて減っていったのです。

代わりに増えたのは「問いかける」コーチたちの姿でした。

ところが、監督が「今、どうして右に出したのかな？」と質問すると、選手はサッと身構えるのです。

「だって、パスコースが消されてたから……」と言って、まるで叱られたかのような表情になるのでした。


すぐにひとつの反省が生まれました。それまで彼らに投げていた疑問形、「なんで右に出してたの？」は、実はダメ出しをする言葉だったのです。

例えば、選手はこう思っていたはずです。


（どうして？　って言ってるけど、実はコーチは僕に答えなんて求めていない。なんで右に出したんだよって否定してるんだ）


つまり、彼らにとって、コーチからの問いかけは単なる否定だと刷り込まれているので、プレーを正当化し、食ってかかるように答えるのです。

このため、問いかけを増やした当初は「違う、違う。私は君の考えを本当に知りたいんだよ。ダメ出しではないんだよ」と誤解を解かなければいけませんでした。このように彼らの気持ちをほぐすことで、コミュニケーションは少しずつ変わっていきました。

「そうなんだ。左のコースは消えてたんだね。ベンチからはその角度は見えなかったよ。意見を聞かせてくれてありがとう」

私たちは、彼らの判断を尊重しました。選手たちも（監督、最近どうしちゃったの？）とにんまりする場面が増えました。私自身もそれを実践したことで、「勝つためには……」という雑念が自然と消え去りました。不要なエネルギーを浪費したり、無駄に感情を荒立てることが無くなりました。そうやって指導者と選手の関係性は改善され、選手は理論武装せず本音で答えるようになりました。

何を言ってもダメ出しをされる環境では、人は心のシャッターを下ろし何も意見しなくなります。そうではなく、「何を言っても、何をやっても、受け入れてもらえる」安心安全な環境でこそ、選手たちは成長できるのです。

3歳児にさえ判断を伴う練習をさせる

ビジャレアルの3歳児クラスの練習に、ドリブルでボールを運びながら、同じ色のマーカーをピックアップしては山を作る「ドリブルレース」があります。先に山を作り上げた選手が勝ちです。

3歳児たちは、ドリブルをしていたボールがどこかに転がってしまうと、取りに行って手で抱えてしまいます。コーチから「手ではなく、足だよ」と声が飛びます。何色かのマーカーがそこら中に散らばっているので、ドリブルをしながら自分の色を目指している途中で他の子のボールを間違えて蹴ったり、ごつんとぶつかったりします。

つまり、このメニューは、考えなくてはいけないことがてんこ盛りなのです。

①ドリブルしながら、他の子の動きも見なくてはいけない。
②その都度目指すマーカーを見なくてはいけない。
③手でさわってはダメ。足で扱うことを忘れないようにしなくてはいけない。
④他の子がどのくらい積んでいるのか。
⑤どの程度急げば一番になれるのか。

たった3歳の子どもが、これだけのことを考えます。ビジャレアルでは、3歳児にさえ判断を伴わない練習はさせません。考える癖をつけるためです。

3歳児の担当コーチは、トレーニングの組み立てをダイレクターに事前に見せてチェックを受けなくてはなりません。メニューはクラウドにあげてみんなで共有するのですが、「これはどんな意味があるの？　そこに判断はある？　何の学びがあるの？」とダイレクターから突っ込まれます。競争や遊びの要素があり、子どもたちが夢中になれるものにしなくてはいけません。

それをやることで、その時間、子どもたちは何か考えているだろうか？　と追及されます。この練習メニューづくりのコンセプトは、3歳児だけでなくすべてのカテゴリーで貫かれています。足元の技術を磨くといったことには一切重きを置いていません。

とにかく「考える癖をつける」ことを最優先にしています。

よって、私たちは3歳児にさえ「問い」を投げます。子どもが練習に慣れてきた段階で「今、パスしたけれど、どうして？」と尋ねます。最初は答えられなくても、4歳、5歳になると自分なりの考えを口にするようになります。

「だって、○○君が、僕のボールを奪いに向かってきたんだもん」

「△△君がひとりぼっち（フリー）だったから」

３歳児が同じ色のマーカーをピックアップする「ドリブルレース」をしているところ。自分の色を探し、他の子どもとぶつからないなど随所に判断が求められる。勝ち負けのあるメニューで楽しめる工夫をする。（著者提供）

そんなふうに、彼らは私たちの目を見て一生懸命に答えてくれるのでした。

3歳児は、1クラス8人未満と決められています。発達に個人差があり、多くは上手に感情を表現できません。理由は皆目見当がつきませんが半泣きになってしまう子。ずっとピッチの端っこで座り込む子。

そんな子どもたちに対して、コーチたちは「フットボールをしに来たのだから、さあ、立ちなさい」などと言いません。

まず、自分の感情を表現できない子どものお手伝いをします。例えば、ニコニコの顔、泣き顔、悔しい顔、疲れてぐったりした顔、退屈な顔など、イラストを描いたカードを出して、目の前にもってきます。

「今、どんな気持ち？　指さしてごらん」

すると、自分の気持ちを教えてくれます。概ね3、4歳児クラスで使用します。この年代は、面白いか面白くないか、居心地がいいか悪いか、その2つの尺度しかないようです。今はフットボールの時間だから、列に並ぼうと理屈で訴えても彼らは動きません。まずは、その子を理解しようとすることが肝要です。

自分から行きたいとせがんで来る子も確かにいますが、彼らの動機づけには3パターンあります。

①本当に来たくて来ている子＝85％
②無理やり連れてこられている子＝5％
③親の喜ぶ顔が見たい、親がきっとそう望んでいるだろうという「期待」に沿うことで「貢献心」を満たしている子＝10％

割合は、私の感覚に過ぎませんが、小学生になると①の割合が圧倒的に上がる気がします。これは日本の幼児や小学校低学年向けのサッカースクールでも同じ様子でしょう。

子どもを指導するときは、ありのままの彼らを受け入れます。例えば4歳児の指導に他のコーチが入って撮影したものを後で見ると、リアルタイムで見えていたものとは違うものが見えてきます。

4歳の子が5人いたのですが、ひとりの男の子がまったく言うことを聞いてくれません。練習に入ってきません。アクションカメラに映っているものを見ると、その子は練習中もずっと1歳の弟の誕生日パーティーの話をしていました。

コーチに「今日ねえ、パーティーをするんだよ」とうれしそうに話しかけています。カメラをつけたコーチは、次のメニューの話をしなくてはいけないので「うん、そうなの。後で聞かせてね」と、当然ながら先を急ごうとします。

しかし、このときの男の子の気持ちを通訳すると、こんな感じではないでしょうか。

「ぼく、フットボールが好きじゃないかもしれません。でも、無理やり引っ張ってこられて、つらいんです。だから、なんとかしたくてあなたたちの気を引いています。コーチ、あなたの気を引きたいんです。承認欲求があるんです」

アクションカメラをつけると、彼らが何を伝えようとしているのかがわかります。今日はお兄ちゃんとけんかをしてきたから怒っているんだねとわかる。そこで、観察することや耳を傾けることの大切さを指導者は痛感できます。

子どもは意味もなくゴネたりしません。そこには意味があります。その時々の子どもたちの「ありのまま」を受け入れることが非常に大事。それなのに大人たちは「この子はやらない。ダメだね」と決めつけてしまいがちです。

実際、3～4歳児に60分のトレーニングはハードルが高いかもしれません。が、そこを楽しく遊びながら5歳以上まで続くと、子どもたちは本当にフットボールが好きでやって来るようになります。

「オープンクエスチョン」を使え

2020年2月。SNSに5歳児の練習動画をアップすると、日本の皆さんから大きな反響がありました。

「嫉妬するほどうまい」

「5歳でこれができるの？　保険証確認したい！」

「きちんと、ボールを止める、蹴る、ができている！」

「団子にならないでボールを回せている！」

「遠めのレシーバーが見えていて、縦パスが出せるなんて！」

動画は次々に拡散され「ビジャレアル5歳児の衝撃映像！」などとタイトルがつけられました。


しかし、いずれも指導者が教え込んだものではなく、子ども自身がシチュエーションのなかから探り当てた、彼ら流の判断なのだと理解しています。というのも、私たちは止まった状態で行うトレーニングを基本的によしとしません。流動的な練習メニューを用意します。

それをこなすうちに、スムーズにボールを受け、流れるようにパスをつなぐようになるのです。

遠めのレシーバーが見えているのも、そこに縦パスが出せるのも、視野の狭いこの年代の子たちに「見える領域」の幅を広げるための作業を、コーチが地道に行っているからでしょう。

「あそこに○○君がいるよ！」「右にパスを出して！」と一方的に答えを与えるのではなく、子どもたちに「気づき」を促すフィードバックを心がけます。

問いかけの基本ルールとして、YESかNOで済ますことのできる質問は避け、どうして？　どのように？　といった「オープンクエスチョン」をなるべく心がけ、相手が上手く表現できず答えに窮するような場合は、二択や三択のクイズにして誘導的な問いかけをします。

YESかNOの「クローズドクエスチョン」だと、質問者がすでに正解を用意しており、質問者が回答権を握っていることになるからです。

いずれにしても「回答者側に主導権」がある状況を常につくることで、問いに意味をもたせます。

ブログへのコメントのなかに「プロクラブの育成組織の子どもたちという点を差し引い

ても上手」といった意味のものがありましたが、さすがにこの年代でセレクションやスカウトはしていません。むしろ定員になるまで厳密に先着順で入団してもらいます。

人口5万人ほどのビジャレアルは、まちの端から端まで歩くと30分で着いてしまう規模のまちです。動画でプレーしていた5歳児は36人。そのうち26人がビジャレアル市内在住で、残り10名も車で30分圏内で通えるまちの子どもたちです。

スペインは3歳から幼児教育を受けます。彼らが参加してくれているのは「シコモトリシダッド（Psicomotricidad）教室」。日本の「体操教室」に近いものです。教えるのはフットボールのコーチですが、教室名に「フットボール」という単語はあえて入れません。

失敗できる環境を提供する

「フットボール教室」などとしない理由はビジャレアルというクラブが、3〜5歳の幼児はひとつのスポーツに特化させることなく、将来彼らがあらゆるスポーツを幅広く楽しめる可能性を伸ばそうと考えているからです。

そのため、サイコモーター・アクティビティ（Psychomotor Activity＝心理的効果）、コグニテイブ・デベロップメント（Cognitive development＝認知発達）、モーター・デベロップメント（Motor development＝運動技能）といった点から、メニューを考案しています。

軸になるのは、まずは子どもたちに「体を動かすことは楽しい！」と感じてもらうこと。そのために心地よい雰囲気と環境を丁寧につくり上げること。子どもの「楽しい」は、理屈よりもエモーショナルな「心地よい」に関連づけされることが多いからです。

なおかつ、遊びを通して「運動するために必要なさまざまな機能を調整する力」に働きかけるエクササイズの構築を心がけます。アジリティ（機敏性）、コーディネーション（筋肉の協同性）や巧緻《こうち》性といわれるものです。

運動メニューや指導は、彼らの脳（中枢神経系）に働きかけながら、関節や筋肉の動きとして実行されるまでの処理や伝達に気を配ったもの。受け取った感覚情報がどのように知覚・認知され運動に結びつくのかを追求しています。

認知に関するアプローチでいうと、例えばフットボールの「団子になる」現象がありますが、子どもたちが団子にならないよう指導者が何らかの指示を出すことは一切ありません。ついつい指示を出したくなる衝動と常に戦っています。

ところが、ビジャレアルの5歳児は団子になりません。なぜなのか？　私たちが普段行っているのは、以下のようなアプローチです。
①「団子になる」のは、自然の「現象」である、と受け止める（否定しない）。
②「団子になる」ことで得る子どもたちの「気づき」をスルーせず、あえてそこに留まり、彼らと対話する。
「団子になっちゃうとボールがもらえないねえ」
「みんなボールを触れたかな」
③3歳児には3歳児、4歳児には4歳児、5歳児には5歳児なりの「気づき」があるもの。彼らに「問いかける」ことで、彼らの「見ている景色」を知り、そこに一緒に立ってみる。
「どうしたらパスがもらえる？」「どうすればパスできるかな？」と問いかける。
２０１４年の指導改革スタート前は、団子にならないようにと、カラーマーカーをセッティングし、一人ひとりの子どもをそれぞれのポジションに立たせるなどしました。振り返ると、なんと未熟な指導だったのかと恥ずかしく思いますが、前出の3つのアプローチを軸とした改革を経て、少しずつ進化しています。

「失敗できる環境を提供することこそが、選手にとっての学びのチャンスとなる」

そのような理解にたどり着きました。指導者の一方的な教え込みや、細かな修正、ティーチングはNG。選手が心地よく学べて、失敗しても責められない環境を目指すことにしました。

よくよく考えると、時代は変わり、環境は変化します。であれば、私たち指導者の成功体験は通用しなくなります。ビジネスも教育も同様にパラダイムシフトしなくてはいけません。

進化は「学校の教室」から

指導現場のハラスメントがニュースになる日本のスポーツ界は、パラダイムシフトができず苦しんでいるように見えます。

他競技の指導者仲間である守屋志保《もりやしほ》さんは大学教授。日本バスケットボール協会理事でもあります。彼女はここ10年近く毎年のようにスペインにコーチングの勉強に来ています。

その守屋さんがこう話してくれました。

「日本（のスポーツ界）には、一生懸命に頑張る文化はあるけれど、選手が自ら考えて行動する文化がなさすぎる」

残念ながら、選手たちには自分で思考する習慣がないようです。私も帰国した際、主にサッカーの指導現場を視察していますが、守屋さんの意見に同感です。とはいえ、自ら考えて動けないのはスポーツ選手に限りません。日本の教育の問題だと感じます。

アスリートが育つのは、学校の教室からだと考えます。教室で行われていることが、彼らの人格が形成されていく過程でとても大きな影響を与えています。

スペインで指導者の道を歩み始めて驚いたのは、子どもたちがこちらの発言に対して必ず何か返してくることです。

「なぜ右の子に出さなかったの？」

小学生に尋ねると、「パス出そうとしたら（右サイドにいた）その子は止まっちゃったの。僕は相手の選手が来たから、遮られたと思ってこっちに出したんだよ」と自分なりに説明してくれました。それが正解かどうかは置いておいたとしても、きちんと自分の意見を言う文化が根差していると感じました。

大人たちも、人から言われたことを鵜呑みにはしません。教育が違うのでしょう。

例えば、ロッカールームで問いを投げると、日本の子どもで自分から発言するのはごく少数です。教室では先生から質問されて、恐る恐る挙手し、名前を呼ばれて初めて発言権を与えられる文化だからでしょうか。

スペインの教育現場は、先生が問いを投げ終わる前に「それはね、こうだと思う」とみんな一斉に答えを言い始めます。間違っていたらどうしようと逡巡《しゅんじゅん》する子はいません。

先生は笑顔で「ちょっと待って」と子どもたちを落ち着かせてから、「じゃあ、ルイス君」などと当てます。コミュニケーションのありようがまったく違います。

スペインも以前は、命令されて従うような文化があったようです。独裁政権で苦しんだ歴史を経て、民主化が進み、かなりのスピードで市民のなかに自由の解釈、多様化が進みました。自由が都合よく解釈される部分や、秩序、倫理の不安定さはあるものの、子どもたちが発言を許される空間や、発言することを恐れない文化は定着しているようです。

対する日本は、頑張るし真面目だけれど、子どもたちに自分で思考する習慣がありません。意見しても受け止めてもらえなかったり、リスペクトしてもらえない。大人がもっている答えがすべてという文化です。私も日本の高校に通ったのでよくわかります。振り返ると、考えることをやめてしまっていたなと思います。

自分で考え、主張できる文化へと変わらない限り、サッカーの練習に来た子どもに「自分で考えろ」と命じてもハードルが高いでしょう。学校の教室が変わらなければ、根本的なことは変わらない。スポーツも社会も、その基盤は教育なのです。

クリエイティブで主体的に考え、エラーを繰り返しながらトライをし続けるような思考回路を持ったアスリートは生まれにくいでしょう。


日本のスポーツやビジネスで、新しいリーダーシップや方法を選択する人は、人材育成で苦労しているのではと想像します。

選手や部下の性格や能力は変えられません。この状況にアジャストするには、指導者や上司が自分を変え、彼らが成長できる環境をつくること。彼らに自分で考える癖をつけてもらわなくてはいけません。そのひとつの方法として、問いを投げることを意識してみてください。

words

第3章 パフォーマンスを生む言葉を選ぶ

「いいね！」は無意味な言葉

「あなたたちは、どんなポジティブなフィードバックをしていますか？」

メンタルコーチに尋ねられた私たちは、自分たちのコーチングを撮影したビデオをチェックしてみました。

「ムイビエン！」「ビエン、ビエン」

この2つを連呼していました。スペイン語のビエンは英語でいうところの「グッド」。ムイビエンはベリーグッドです。一度のトレーニングは90分なのですが、ずっとこの言葉ばかり聞こえてきました。

「そこに価値あるメッセージはあるの？」

こう問われた私たちは、「ビエンは空っぽだった」と気づきました。

「誰でも言えるよね？　でも、あなたたちは指導者でしょ？」

その通りです。それで指導者とは名乗れません。では、価値のあるメッセージ、って？

豊かなメッセージとは何か？　自分たちで自問自答した末にたどり着いた答えがこれです。

「自分は認められている、自分の意見を聞き入れてもらえていると選手が感じることだ」

「ナイスプレーだったね」と言われ続けるだけではなく、一歩踏み込んだところで「なぜそう思って（感じて）、なぜそのアクションをしたのか？」

そのことを説明させてもらえる機会が与えられると、そこで彼らは自分を表現できます。

例えば、良いパスがあったとき、単純に「ナイスパス！」で終わらせず、「今のパス、なぜ右に出したの？」と尋ねます。

選手「最初は左かなと思ったんだけど、パスコースが消えてたんで、一度フェイントかけてる間に右に走り込んでくると思って右に出しました」

コーチ「なるほどね。そんな見方やプレーは、コーチや監督は思いつかなかったし、できなかったな」

このようなやり取りが、彼らのモチベーションをものすごい勢いで高めていくと感じました。へえ、なんでそうしたの？　と問われることは、1万個のビエンより効果的であり、尊いわけです。

わかってはいるけれど、「ビエン！」と思わず口をついて出てしまう。「ビエン、ビエンは、ただの雑音でしょう」と言われては何も言い返せません。時間はかかりましたが、そういうことを意識できることが、指導者としての成長に結びつくのだと思います。

フィードバックは簡単そうで難しいものです。

例えば、遠目でちょっと無理かなというシチュエーションでシュートを打った子がいるとします。そこで（もう一度パスしてリターンでシュートしたほうがよかった）と私が思ったとき、「えーっ？」と若干ネガティブなリアクションをするのか、シュートを打つという勇気をもったことに対して「ナイストライ」とポジティブなフィードバックをするのかで、選手の受け取り方はまったく違うものになります。

すべて耳触りのいい言葉にしていくことはないのですが、選手に心地よくチャレンジできる環境を与える必要があります。ポジティブなメッセージを送りつつ、他の選択肢を考えるヒントを与えていくことが重要です。

つまりは、その都度、意図した「問いかけ」ができるのか。それが、スペシャルな指導者かどうかの分かれ目になっていくのだろうと思います。

ビジネスの場面でも同じでしょう。部下にプレゼン書類ができましたと渡されて「ああ、ありがとう。よくできてるね」で終わるよりも、「どう考えて作ったの？」と聞いてみる。「前回はここを失敗したので、今回はこうしてみました」というレスポンスに、「そのアイデアはいいね」とポジティブなフィードバックをするほうが満足度が高いはずです。「問いかけ」は質の高いフィードバックにもなりうるのです。

伝えるべきネガティブなフィードバックとは

ここまでポジティブなフィードバックの説明をしました。では、叱るといったネガティブなものも含めると、フィードバックをどうとらえたらいいのでしょう。ビジャレアルで私たちが学んだ「人に応対するときの基本ルール」をお伝えします。

フィードバックの対象は、選手、子ども、ビジネスの現場なら部下や後輩でしょうか。対象となる人たちのどんな「要素」に私たちは反応しているのか。大きく仕分けをすると、以下の3つになります。

① 彼らのアティチュード（attitude＝姿勢、態度、取り組み方）
② 彼らのアプティチュード（aptitude＝適性、才能、スキル）
③ 彼らのビーイング（being＝存在・ありよう）

ネガティブなフィードバックである叱る・怒るという言動は、指導する人間に与えられた権限、上から目線でも許されるといった要素が、多かれ少なかれ含まれています。

例えば選手を叱るとか怒るときに、どのくらい大きな声だったか？　とか、暴力はあったかというような詳細にフォーカスされがちです。でもよく見なくてはいけないのは「何に対して叱るのか」という対象となる事柄ではないか。そこを私たちは話し合いました。

まず、①のアティチュードは、その人の姿勢や態度、取り組み方です。

私たち指導者が叱っていいのは、①アティチュード、つまり取り組みの姿勢や、その選手ができるのに手を抜いてやらないといったときだけではないか。なぜならば、できるはずなのに手を抜くとか努力しなければならないのにさぼるなんていうことは、人として、チームの一員としてよいことではない。

スポーツ選手は必死に頑張る、向上するために努力することがすべてだ。それができていないときは、ネガティブなフィードバックをする。そこは交渉の余地はありませんよということは、あらかじめ選手に伝えることにしました。

では、どう行うか。

それは、コーチの感情を出してもいいのではないか。それが私たちの結論でした。

この改革を始めたとき、コーチが異様に優しくなった時期がありました。何でもＯＫ。いいんだよ、大丈夫だよ、と。それまでの一方的な熱血指導を改めようと決めたからです。

そうなると、白か黒。０か１００。そんな極端な理解が生まれてしまいました。試合中メッセージをがんがん発していたコーチが、90分間いきなり黙って座り込む。要は、上手にバランスをとれなかったのです。まだ上手にマネージメントできないからそうなってしまったのですが、これではいけない、そうじゃないぞと話し合いました。

人間なのだから、感情的になる、思いをぶつけるのはあって然るべき。ただ、その感情をぶつける、怒りをぶつけるときに、何に対して怒っているのかというのが大事です。選手の取り組み、姿勢に対して感情をぶつけるのは全然ありだと話しました。

この「何に対して」をルール違反しないよう、きちんと整理をしておく。ところかまわず怒鳴り散らし、人を否定したり、蔑《さげす》んだり、馬鹿にするのは違う。そこをきちんと整理しなければいけない。気づいたら傲慢で横暴な指導者が増えていく悪循環になることは阻止しなくてはいけない。

そのようなことを整理しました。

例えば、選手がミスをしたことに関しては叱らない。ミスは誰にでも起きる。チャレンジして起こるミスなら、ウェルカムです。
そこにネガティブなフィードバックを出すことに、何の意味もないのです。

存在を許容し、適性をサポートする

②のスキルなどを指すアプティチュードは、その人が取り組むことで改善の伸びしろがあるため、指導する側はあくまで応援したり、何かの方法を勧めたり、サポートするべきものです。ポジティブなフィードバックを効果的に使います。

なぜかといえば、スキルはあくまで〝現在地〟。スポーツも仕事も、その人の可能性（伸びしろ）は誰にもわかりません。わからないのですから、他人に決めつけられることでもない。

それなのに「あいつはやっぱりだめだ」「無理だ」などと、私たちは平気でジャッジしてしまいます。職場でいうと「あの人を部長に昇格させよう」という提案があっても、「いや無理です。あの人にはそんな能力はありません」という意見が出てきます。

ただし、それは、ジャッジした人の主観です。例えば、それまでは陰でサポート役に徹してきたから、部長という役割やリーダーシップ、マネージメント能力がないように見えているだけで、その人のキャパシティはわかりません。

スポーツ指導の現場でよくあるのが、ベンチ要員の選手に対して「あの選手を次の試合のスタメンで使ってはどうですか?」とコーチが尋ねたとき、監督が「いや、あいつは無理でしょう」というような場合です。

しかし、そこには一方的な主観だったり、相性、ラベリングなど、さまざまな要素が存在します。気をつけなくてはいけないところです。


最後の③のビーイングは、個人の尊厳(人権)をリスペクトし、他者からおかされることのないよう守られなければいけません。

「おまえは能なしだ」「だめなやつだ」「チームにいらない」などと、尊厳を傷つけるような言葉を投げつけるのは完全にNGです。コーチと選手、上司と部下、親子、夫婦といったバイアスのかかる関係においては、特に気をつけなくてはいけません。

よくハラスメントの事案で「存在を否定するようなことを言われた」という被害者からの訴えが聞かれます。あってはならないことです。

例えばコーチがせっかちで、選手がおっとりでゆっくりな性格としましょう。コーチの思うように選手がファイトしてくれないと感じたとき、コーチのコミュニケーションスキルがないがために選手を罵倒する。選手が無能な人間みたいな叱り方をすることが起きてしまいます。

私自身、そんなことはしていなかったはずだと思いつつも、そこの意識や区別が厳密にはできていませんでした。他人の尊厳は絶対に傷つけてはいけないものだと心の底から納得できました。

私たちはこのようなことを改めて確認し合いました。

フットボールのみならずスポーツの指導現場にありがちな「おまえ全然無理」とか「あいつは使えない」といった発想。それを生んでいるのは、間違いなく指導する人の思考の歪みです。

そのような歪みを矯正するには、まず、その人の存在・ありよう（ビーイング）を許容し、その人の適性、才能、スキル（アプティチュード）をサポートし、姿勢、態度、取り組み方（アティチュード）に関してのみ、ネガティブなフィードバックをすることが肝要です。

「サンドイッチ話法」を使え

加えて、ネガティブなフィードバックの際は「サンドイッチ話法」を必ず用いました。コミュニケーションスキルのひとつであるサンドイッチ話法は、本題の前後をポジティブなフレーズで挟むもの。

「相手の良いところを伝える」
↓
「相手にとって聞きたくないかもしれない改善点などを伝える」（本題）
↓
「それに対する期待を伝える」

こんな論法です。

本題に入る前に、心理的な壁をつくらせないよう、相手を褒めます。そのうえで本題に入り、最後に期待の言葉で締めくくる。そうすれば、叱られた、怒られた、ダメ出しされたというイメージでコミュニケーションをとらえられずに済みます。

人は、相手から何を言われたか？　ではなく、どんな気持ちにさせられたか？　をずっと覚えている生き物だからだと教わりました。

自分の言いたいことだけを懸命に話しても、相手には伝わりません。シンプルで基本的なコミュニケーション術ですが、これを自然にできれば、当然のように関係性は変わってきます。

コーチ時代は、選手たちから「サンドイッチ話法でお願いします」などと笑顔で言われることもありました。一対一で話しているときに「あなたは本当に献身的にチームのために体を張ってくれる選手だよね。たとえ0対5で負けている試合でも手を抜かない」と私が言うと、その選手が「でも？」と顔をのぞき込んでくるのです。

次に来るのがネガティブなフィードバックだとわかっている。そうやって気心の知れた関係ながら、緊張感をもって互いに成長できたかなと思います。

日本のビジネスシーンで、上司が部下に「君はダメだね」と言ってしまうケースがあります。いじめられているのか、ハラスメントなのか、実は期待しているのか。メッセージを受けた人によって解釈が変わります。

ただし、ひとつだけ明確なのは、そこには相手を下に見てリスペクトをしていない姿です。

「その人をサポートしたい、成長する手助けをしたい、モチベーションをもって気持ちよく次のタスクに取り組んでほしい」

もし、それらが上司の目的だったら、おそらく「君はダメだね」という言葉を選択しないはずです。不用意なジャッジは、ハラスメントに限りなく近くなることを忘れないようにしたいものです。

「攻撃」「守備」という言葉は使わない

指導改革を始めた2014年から17年までU23チームを率いたパコ・ロペス監督は、その後レバンテに移籍してからも、記者会見で質問に答えるときには「攻撃」「守備」といった表現を回避しているようでした。ビジャレアルメソッドが身に染みついているのでしょう。

私たちが「攻撃」「守備」という言葉を使わなくなったのは、フットボールというスポーツをとらえ直したことがきっかけです。

フットボールは高さ、強さ、速さを競うゲームではない。むしろかたちにならず、可視化できず、数値化できないものを秒刻みで脳内で処理し、マネージメントしていく競技です。莫大なファクターがからみ合い、ピッチ上は予測不能な状況が90分間以上続きます。準備して事前にリハーサルできる事柄は、決して多くありません。

選手は、瞬時に情報をキャッチし、解析、分析して、可能な選択肢からひとつ選び（プレーの判断）、アクションに移します。これがフットボール選手のパフォーマンスと呼ばれるものです。

もうひとつつけ加えると、「アーティスト」と呼ばれる一部のフットボール選手は、フットボールを解釈する力（フットボールの文化的指数）が飛び抜けて高いといえます。

これら一連のプロセスをより短時間（判断スピード）で、より正確に行うこと（プレーの精度）が、その選手の「クオリティ」になります。

だとすれば、指導者が自分が便利だからといってさまざまなことを「言葉」で表現してしまうと、選手の行動に制限や規制をかけることにもなりうる。共通言語をチームみんなで共有できる利点がある反面、そのようなリスクもある。

だからこそ、注意を払って言語化の作業を進めるよう、メソッドダイレクターらから何度も念を押されました。

「攻撃と守備」

この言葉をコーチが分けて使ってしまうと、選手にも「2つは別物である」という理解が生まれてしまいます。フットボールを解析していくと、そこには継続性があります。便宜上、ディフェンダー、フォワードというようにポジション名はありますが、それは守備をする側、攻撃する側という境目はありません。

それなのに、コーチが、攻撃だ、守備だと言ってしまうと、「今は攻撃だ」「守備だ」と分けてしまう意識になります。安易に使わないほうがいいという理解です。

教え込むと脳は休止する

「プレス」「プレッシャー」「ボールを奪う」もディベートの議題にのぼりました。ピッチを3つのゾーンに分けてそれぞれに名をつけたり、レーン分けするのはどうなのか？　それまでの教え方にまで発展。それまで使ってきた言葉の概念に、私たちは疑問符をつけ続けました。

自分で考えられる選手を育てたければ、それ相応の学習環境をつくらなくてはなりません。選手は教え込みのコーチングばかり受けてきているので、考える回路がすでに休止しています。どんなに「自分で考えろ！」と声を張り上げても効果は得られません。このことは日本でも同様でしょう。

指導者が作戦盤にゾーンやレーンを描いてマグネットを動かすような教え込みばかり行うと、ゾーンやレーンを頭の中で常に描きながらプレーをする選手が育つということにつながってしまうのではないか。実際の試合では、ゾーンもレーンも存在しないし、それにとらわれずプレーしてもらうことがクリエイティブな選手を育てることになるのではないか。

そんな問題提起に、それまでゾーンやレーンを言葉に出していた私は、過去の自分の指導を深く後悔しました。

加えて、こんな指摘も受けました。

プレスをかけるタイミングや位置を詳細にレクチャーして教え込む指導はリスクがある。想定していなかったシチュエーションが発生したとき、選手はちょっとしたパニックに陥るだろう。なぜなら、教え込まれた時点から、「自分で考える」という脳の働きがすでに休止してしまっているからだ、と。

つまりフットボールは、想定していた現象が起きる可能性が圧倒的に低いスポーツであり、教え込みの指導はまったく意味をもたなくなるのです。

「人は知っていることしか、見えない」

メソッドダイレクターから教わったことです。

「選手は、彼らが知っていることしか見えてないぞ」と何度も言われました。要するに、指導する私たちは情報を「知らせる」のではなく、ピッチ上でその都度「見るべきものが見える」選手を育てたほうがいいでしょう。

「指導において、なるべく制限をかけるな」

「四角い箱（枠）の中で物事を収めようとするな」

改革当初から言われ続けてきたアドバイスの意味を、私たちは少しずつ理解していったのです。

日本ではここ数年、指導において言語化を推進する動きが活発です。それとは逆で、私たちは「軽率に言語化するのは要注意だ」と厳しく言われ続けました。

指導者は、自分の考えを一つひとつ言葉にして伝えることで、なんとなく安堵します。チームに統一感を与えたように感じるもの。そこには、指導者特有の一種の高揚感が存在することは否めません。

「でも、その安心感は誰のもの？」

そんな問いを自分たちにぶつけると「それは、大人のものだね」と即答できました。

「言葉はアクションを生む。アクションはパフォーマンスを生む。だからこそ、注意深く言語化しよう」

中途半端な単語や用語、セオリーをつくってきた過去を見直すことができたのです。

「インテンシティー《強度》って？」 辞書を引く選手

単語や用語の掘り下げに着手した私たちは「インテンシダーって何だろう？　みんな調

べてきてくれるかな?」と、選手たちに宿題を出しました。

スペイン語のインテンシダーは、英語でインテンシティー。プレーの激しさ、強度を指します。プレスディフェンスする際、どれだけ相手との距離を詰めるか、よくいわれる「厳しくいく」ことができているか。

ひとりではなく、複数でボールを奪いに行ったり、全体の集散の速さや運動量も含まれるイメージでしょうか。

2014～15年ごろ、スペインの指導者の間でよく使われた言葉です。日本サッカー界も、インテンシティーという言葉がとても流行っています。

「じゃあ、来週の火曜日にグループごとに発表してもらうね」

そのときは少しばかりざわつきましたが、選手はこのグループワークに取り組みました。辞書を引いてくるグループもあれば、コーチをつかまえてインタビューしたり。「今まではこう考えていたけれど、フットボールの現場での理解はこうだった」等々、さまざまな意見が出てきました。

それを少しずつまとめていって、全員が納得とまではいかなくてもある程度の共通認識を得られました。


こうして、各々の指導者が自分のイメージで一方的に押しつけたものではなく、選手たちにプレゼンをしてもらって理解をしていたので、インテンシダーがチーム全体の共通理解に。試合の流れで「インテンシダー」という言葉が聞こえてきたときに、見える景色が同じであることはチームに大きなプラスになりました。

「プレッシャーをかける」というひとつのアクションについても同様です。

「プレッシャー！」と言う人もいれば「行け」「詰めろ」「寄せろ」など、さまざまです。ひとつの現象でも、いろいろな表現の仕方があります。そのうえ、その言葉を聞く側の理解は個々によって異なり、言葉を発している側の意図がそのまま伝わるとは限りません。

「行け！」を、「相手を削りに行く」という理解をする人もいるわけです。そこの言葉を軽々しく「プレッシャー！」「行け！」と無意識に発していても、自分たちが生み出したいパフォーマンスにつながりません。

そのことを選手に伝えるためには、コーチが言葉を精査しなくてはいけません。一回一回動画を止めながら、「行け！　って言ったけど、何をしてほしかったの？」と問いかけられる作業を散々しました。


例えば、選手はプレッシャーをかけているつもりなのに、「それでプレッシャーかけてるつもりなのか⁉」とイライラしているコーチは少なくありません。私自身もそうでした。イメージを確認していない状態で選手に自分のイメージを汲んでもらおうとしても、そうそううまくいくはずはありません。

言葉はアクションを生み、そのアクションがパフォーマンスを生むのであれば、まずは先頭の「言葉」のところで丁寧にイメージを合わせておく必要があるのです。でなければ、目の前で起きる現象は違うものになってしまいます。

集団スポーツでは「意思統一」という言葉がよく使われますが、私たちは「共通認識をつくる」という表現をします。これを容易《たやす》くできる環境を、まずはつくることです。

他にも「走れ」「走れていない」という言葉があります。

走れていない。この理解は人それぞれまったく異なります。コーチが「全然走れてないぞ」と言っても、その選手からすれば「今日はめちゃめちゃ走ったのに」と感じている。そんな例は少なくありません。

そもそも試合中に「走れる」とはどんな選手なのか。イメージが揃っていません。

日本でいう「ボールを動かせ」、これもよく言われます。

選手はどの程度の状態が「ボールを動かしていいサッカー」をしているのか否かの判別がつきません。が、コーチはベンチで「もっと動かして」と焦っているわけです。

そのような「イメージの乖離《かいり》」は、意味のある学びの場を提供することで解消できます。

選手たちに「コーチがよく言ってる言葉を10個挙げて」と頼むと、ぱーっと出てくるはずです。

走れてない。寄せろ。ラインが高い。低い。コンパクトじゃない。

そういうものを一個一個本当に丁寧に解読していくことで、選手個々の理解や感覚が実はかなり違うことがわかるはずです。それをみんなですり合わせることでチームとしての共通認識が生まれてきます。

knowing

第4章 伸ばしたい相手を知る

「沈黙＝考えていない」は間違い

前章で、選手と交わすフットボールの用語や、選手にかける言葉の話をしました。次に、彼らはそれをどう受け止めているのかを探らなくてはいけません。

それなのに私たちは、そこに鈍感なところがありました。特に、おとなしい、あまり自己主張しない選手が見過ごされてきたような気がします。

例えば、もう3週間試合に出ていなくても「なぜ出られないのですか？」などと説明を求めてこない。その性格ゆえに文句を言わないし、態度に表しません。

そこに指導者が甘えてしまっていました。日本では、小学生や育成年代の補欠文化が議論されていますが、構造は似ているかもしれません。

メンタルコーチから「選手はどうしたいのかな？　選手には何が見えてる？　彼らはどう感じているんだろう？」と尋ねられ、私たちは「わかりません」と下を向くしかありませんでした。なぜならば、尋ねたことがないからです。

「話を聞いたこともないのに、あなたたちは勝手に決めつけているの?」
そう言われて、言葉もありませんでした。

これは、企業活動でも同じだろうと思います。社員はどうしたいのか? 社員に何が見えているのか、どう感じているのかを、あまり知ろうとしていません。

「たぶん、こうだと思う」としか答えられない。なぜならば、尋ねたことがないからです。学校の先生も、保護者も、子どもに聞かずに「どうせやる気がない」「考えていない」などと決めつけていないでしょうか。

よくよく考えれば、同じ言葉を投げかけても、それぞれの見方や考え方によって受け取り方は違うのに。

「私は、あの子はやる気がないと思う」とジャッジしているときは、主語がジャッジしている自分自身です。そうではなく「主語を選手に置き換える作業」をしなくてはなりません。

改革のプロセスで私たち指導者は、選手が「個人目標＝ゴールセッティング」を記録するツールを採用しました。「個別最適化」を図ることを目的に挙げたのに、全体ミーティングをしてホワイトボードで全体の動きばかりを指摘していては個へのアプローチができないからです。加えて、選手という「個」との距離が遠かったことも内省として挙げられたため、「まず相手を知る努力をしよう」「選手（個々）が必要としていることは何なのか？」と、私たちから彼らに近づく努力を始めました。

個人目標は2か月ほどのスパンで区切って見直します。個人目標の振り返りや、気づき、現在地の確認のために行うのです。

ホワイトボードを使った一斉ミーティングよりも選手と一対一で面談する時間を増やし、対面で彼らの話に耳を傾けました。すると、「君、そんなにしっかりしたことを考えていたの！」と目を見開かされることの連続でした。

彼らが黙っているからといって、何も考えていないわけではありませんでした。非常に深い思考をしていたり、豊富な知識をもっている子もいました。逆に、よく話し、知識が豊富に見える子が実はそうではない場合も多いことが見えてきました。

また、思っていても言わない子には、何らかの理由がありました。コーチから発言を否定された過去があったり、自信がなかったりといった背景があったのです。

「沈黙は思考ゼロではないのだ」とわかりました。子どもは成長スピードが個々で異なり、その差は激しいものなのです。

「静かにしていることや、無言であることに、もっと意識を向けよう」

そう話し合った私たちは、チームミーティングをやめて一対一の面談を増やしました。その結果、一人ひとりについて、驚くべき量の情報を得られるようになりました。

このように、方法を替えれば、見え方が変わる。気づけなかったことに気づけます。指導者のひとりよがりな思い込みだけで、コミュニケーションをとっているつもりになっていたことに気づかされたのです。

個別最適化のアプローチ

個の最適化、個への効果的なアプローチとは、こういうことだと発見がありました。弁が立つ人と立たない人がいるのは、企業も同じでしょう。大きな会議室では、発言する人は限られます。発言しない人は、そこで「何ももたない」と評価されがちです。

そうはいっても、私たち日本人は、そもそもどんなときも自己主張ができる自由な環境で育っていません。

「間違えると恥ずかしい」という恥の文化。

「あそこで自分が言っていいかどうか……」という〝わきまえ〟。

「そんな（誰でも発言していいような）空気じゃなかった」と、その場の空気を読むことを求められて育っています。

加えて、もともとシャイなパーソナリティの人が多い。そのような文化だからこそ、チームビルディングやマネージメントの場面では、静かでおとなしい人たちを、意識的にケアしなければいけないと思います。「言えないやつがダメなのだ」と突き放したままでは、大事なものを見失います。

見る。聴く。受け入れる。この「アスリート・センタード・コーチング」を、指導改革以前から標榜し、子どもの姿を見ているつもりでした。話を聴いているつもり、わかっているつもりでした。

「でも、すべて、〝つもり〟だったね」

この反省は、ワンオンワン（一対一の面談）を重ねた以外でも、映像で自分たちの姿を可視化できたことでも生まれました。

「ほら、あの子、何か話したそうだったね。ああ、何も気づけてないじゃない！」

「ああ、本当だ……」

こうやって気づくのです。

ただ単に「子どもには人権があるので話を聴きましょう」「部下を理解するには、傾聴が大切です」といくらお題目を並べても、長い間「聴いてきたつもり」の大人には刺さりません。

ここで得た3つの学びを、以下のようにまとめてみました。

①主観だけで考える癖をなくした

「この選手はこういう子」と主観だけでラベリングしてはいけない。「わかったつもり」でいないか、ワンオンワンで逐一振り返る。

②自分の考えを一方的に伝達しない

ホワイトボードの上でマグネットを動かしながら行うレクチャーが激減した。コーチの考えを一方的に伝達するだけでは、選手は何も考えず言うことを聞くだけ。そこに意味があるのか？　と考えた。

③答えに正解はない

「そこにパスして」「そこでシュートしろ」と、コーチの「こうしてほしい」だけを伝えていた。だがフットボールの答えに正解はない。「僕らは（私たちは）こうしたい」と答えを追求する流れをつくること。主語を選手にするチャレンジを。

とはいえ、ワンオンワンを増やせば、私たち指導者は非常に多くの時間と労力をかけなくてはなりません。踏み込んだ指導をするのですから、業務が増えるのは当然です。その点を配慮したクラブは、パートタイムだったコーチをフルタイムにしました。

U19、21、23の3カテゴリーのスタッフは全員フルタイムでしたが、U13からU18までの6カテゴリーは平均5人のコーチの多くがパートタイマーでした。それを6カテゴリー全員のコーチをフルタイムにしました。5人×6カテゴリーで30人。人件費はかかりますが、クラブは必要経費だと判断したのです。

企業の社員と同じように、クラブのスタッフは被雇用者です。やる仕事は増えるけれど労働環境は同じ、という状態では、マンパワーを発揮できません。その点においてスペインではシビアに自分たちの権利を主張しますが、クラブ側も理想だけ掲げて現場の人間のやりがい搾取のような働き方では長続きしないことを承知していました。

成育歴まで知って選手と向き合うことは、大変なエネルギーを要しましたが、私にとって同時に大きな学びになりました。

ひと昔前の自分自身を振り返ってみると、人に寄り添うときに、相手のコンテキスト（事情や背景）や成育歴、それまでの人生を踏まえるまでしてその人を見てはいませんでした。悪いものは、悪い。スポーツ選手たるもの正しくあれ。社会的秩序を乱せば、罰せられて当然だ――選手に対し、厳しい自分がいました。


そんな思考を、ビジャレアルの指導改革の中で、もみほぐしてもらいました。法では裁けないことがある。いい悪いで片づけるなどして、白と黒で完全に区別できないこともある。そんなグレーの部分が少し見え始めました。人にはグレーがあって当然なのだと思えるようになりました。

しかも、よく見ていると実はグレーのほうが層が厚いのです。他人が他人をジャッジすることが、いかに愚かなことか。コーチが選手に、上司が部下に「使えない」と平気で言ってしまう文化は日本にもあるはずです。私の中にもありました。その意味でビジャレアルの改革は、私自身にとって大きな自分改革になりました。

既読スルーの法則とは

日本ではメッセージアプリで自分が送ったメッセージに「既読」の字がつくと、相手が読んだという印です。スペインでは「What's App Messenger」通称ホワッツアップを使うことが多く、青色のチェックがつくと既読したことがわかります。

既読だがレスポンスがない「既読スルー」。クラブでは、選手に「既読スルーの法則」の話をします。


例えば、女の子に「いま、何してるの？」とメッセージを送りました。すぐに既読はついたけれど、３時間たっても返事がありません。絵文字のひとつも返ってきません。そうなった場合、いろいろな感情がわいてくるよね。（僕のこと、もう嫌いになっちゃったんだ）と思うかもしれない。（他の男の子とどこかで楽しくデートしているのではないか？）と疑うかもしれないね。

人によっては（たぶん勉強に忙しくて、答えているどころじゃないのかも）とか、（お母さんの手伝いをしているか、おばあちゃんの介護をしていて大変なのかもしれない。返事が来なくても仕方ないか）といった受け止めをするかもしれないね。

「人それぞれ解釈は異なる。それを理解しましょう」と伝えます。これを「既読スルーの法則」と表現しています。

既読がついてスルーされた事実があったとしたら、その3時間の中でわく感情は、その人の思考回路や思考癖の中で、勝手につくり上げているものなのです。

それをフットボールの現場に落とし込んでみましょう。例えば出場機会の少ない選手がいます。監督が全然自分を試合に出してくれない、もう3試合スタメンから外れているとします。

そこで「4試合めも外れるかもしれない」と思うのか、それとも「来週は絶対自分を出してくれる」と期待するのか。もしくは、「この監督は僕のことが嫌いなんだ」とする選手もいるだろうし、「他の選手と比べると、僕はまだまだ努力が足りない」と謙虚になるかもしれません。既読スルーという共通の事象であっても、人によってさまざまな解釈があるのです。

そこで選手に何を伝えたかというと、ひとつの現実を「どのように認知するか」が非常に重要だということ。なぜならば、監督の決断は、選手が自分ではどんなに時間を費やしても、どんなにエネルギーを消耗しても、変えることができないからです。

世の中には自分ではどうすることもできないことがある。だからこそ、自分の力で向上できるものに意識を向けること。この重要性を、この既読スルーの法則を用いて伝えます。

試合に出られないことを「監督に嫌われているせいだ」と思い込んだり、「あいつなんか僕より下手なのに試合に出ている。贔屓《ひいき》されている」と嫉妬する状態は、アスリートとして決して最適なコンディションではない。

「僕（私）はこう考えて、こうやってみようという具合に、僕は、私はの一人称で解決するすべてのことをやり尽くそう。自分次第で何とかなるものに、自分たちの時間と労力をかけていこう」

そんな学びを選手たちに伝えるのです。

以前の私たちは、相手チームの分析をすることにかなりの時間をかけていました。徹夜してプレゼン資料を作ったり、動画を編集したり。

「あなたたちはパソコン画面ばかりに向かっていて、選手とは向き合っていないよね？」

そんな指摘をメソッドダイレクターたちから受けた私たちは「主語は選手なのだ」と知るわけです。

ということから、選手と向き合って、彼らが見えている景色を伝えてもらったり、彼らが感じていることを聞かせてもらったりすることで、彼らが抱えている問題や心配事などを知ることに時間をかけるようになりました。

学校の職員会議に出席する育成スタッフ

選手を熟知しようとするコーチたちは、学校や保護者にもアプローチします。

クラブの寮には、下は12歳から上は18歳までの育成選手１００人ほどが生活しています。

彼らは、寮の真横、壁一枚隔てた公立の中学校、高校に通っていますが、改革前はクラブと学校側の交流はまったくありませんでした。

過去の話を聞くと、授業中に寝ていたり、課題を出さない選手がいたりと、学校からすれば負担は小さくなかったそうです。

改革の1年め、120人のコーチたちがいろいろな意見を出し合うなかで、学校の話が出てきました。

「私たちはどうしてもフットボールからしかフォーカスをしていないので、選手としての彼らの姿がすべてだと思っている。でも彼らは、中学生や高校生であり、親からすればわが子だし、ガールフレンドからすれば恋人だ。いろんな側面があって存在している。もっと、フットボーラー以外の彼らを理解し、サポートすべきではないか」

「進級できないとか、勉強できないという悩みを聞いても、今まで知らん顔してきたよね。そこにコミットしよう」

そんな意見がまとまりました。クラブにとって初めての試みです。学校へ出かけて個々の担任の先生に様子を聞くなどしました。先生たちに任せっぱなしにせず、自分たちから歩み寄ることにしたのです。コーチ陣は「学校で態度はどうですか?」「成績は上がっていますか?」「心配されていることはありませんか?」と、自分たちから彼らのことを聞きに、学校へ足を運びました。

ついには、コーチが職員会議に出席するまでになりました。

この歩み寄りは、学校側からしたら非常にありがたかったようです。先生たちは積極的に選手のことを教えてくれました。フットボールクラブと公立学校という異業種ながら、関係性の構築はスピーディーかつスムーズにできました。なぜならば、実はお互いに求め合っていたからです。

学校側からすれば、ビジャレアルの寮生100人全員が自校の生徒です。全校生徒に対する割合は決して小さくありません。彼らの学校生活を、ともに一緒に支えてくれる仲間が現れたことは、学校側にも歓迎されました。

例えば、学校で態度が悪く、どんなに罰を与えられても、壁を隔ててサッカー場に移るとスター選手。常にスタメンで90分間ずっと試合に出続ける。そのうえ代表選手に選ばれては、海外遠征にも出かけていく。そのような状態では、その選手に内省を促せません。彼のためにならないわけです。

コーチたちが学校とつながってからは「学校でこんなことがありました」という個人的なトピックを、学校とクラブで共有しました。共有のドライブには、選手個々のファイルが存在し、互いにリアルタイムでアクセスしています。「○○君は赤点をとって落ち込んでいる」「友達とトラブルがあった」。学校からの情報を得たコーチは、そのことを踏まえて選手に接することができるわけです。

コーチ、寮のスタッフ、生活指導の先生、担任の先生に、補習をしてもらうために教員免許をもった方をクラブが雇った「アカデミックグループ（学習班）」まで。多種多様な大人たちが情報共有しながら、選手をサポートしています。

寮生の多くは越境で加入していて、保護者とは離れて暮らしています。時折来ていただいたときは、こちらから積極的にワンオンワンを保護者も同席でしていただくよう働きかけます。わが子を真ん中にしてクラブスタッフや学校側が意見を交換していることは、保護者にとっても安心できる要素のひとつに違いないでしょう。

選手を知ることにエネルギーを割くフロント

選手を熟知しようとするのは、コーチだけではありません。

ビジャレアルは、フロントの人たちが育成チームの試合を足しげく観に行きます。フェルナンド・ロッチ会長をはじめとするフロントトップの３人（私は勝手に三羽烏と呼んでいます）は、自分たちの予定をスケジューリングする際、育成の全カテゴリーのキックオフ時間をはめ込んでいきます。

トップチームのキックオフ時間が出てきたら、次にU23の試合日程をチェックし、予定に組み込んでいきます。会議などもあり、タイトに見えるときでも「すぐに車で移動すれば間に合う」と育成カテゴリーの試合予定をねじ込みます。土曜と日曜の２日間で、見られるだけの試合を見る。これを彼らは二十数年続けています。

ここまでフロントが足を運ぶクラブは、非常に珍しいのです。

誤解を恐れずにいえば、他のビッグクラブの会長さんが、U23以下の試合会場に姿を見せることなど、まずありません。

一方のビジャレアルは、自分たちの選手をよりバリューの高い選手として育て上げ、将来はトップチームで活躍できるプレーヤーに仕立て上げる。そうならなかったとしても、他クラブに求められて移籍をし、活躍してもらうことを望んでいます。いわゆる、サーキュラーなクラブ運営を実践しています。

育成分野への投資を惜しまないわけなので、どんな選手がいて、どう成長しているかをフロントとして把握しておかなくてはなりません。よって、彼らは約200人いるアカデミーの選手一人ひとりの名前を知っています。それが、最低限自分たちが経営者としてやっておくべきことだと信じているのです。

さらにいえば、スポーツ自体が大好きだともいえますが、その姿勢たるや、欧州トップレベルの育成クラブの矜持が見えるようです。

序章でお伝えしましたが、スペインでは、フットボールの競技人口に対し、リーグ1部のプロ選手になれる確率は「0・038％」といわれています。

ビジャレアルは他のクラブ同様、全国からスカウティングしてエリートを集めてきているので、そのパーセンテージは少し高まるようです。が、それにしても1万人に4人弱の数字には圧倒されます。

その数字に挑戦するティーンエージャーたちの人生に責任をもつ意味でも、私たちの改革はとても価値のあるものだと自負しています。

equality

第5章 丸テーブルに変える

U15がU16に戦術を教える

日本でいえば中学3年生にあたるビジャレアルのU15は、1学年上のトップリーグに参戦しているので、ビジャレアルU16と同じリーグに所属しています。そのため対戦相手も同じチームということになります。これと同じ現象はU13、U18にもあります。

あるとき、U15の選手たちがU16がいるロッカールームを訪れ、Aクラブとの戦い方についてレクチャーしていました。U15はその前々週に、Aクラブと試合を済ませていました。

「右のサイドバックの○番に気をつけて。ディフェンスのポジションにいるけれど、すごく攻撃力があるよ」

「相手の守備を崩すには、こんなやり方があるよ」

年下の選手たちが、先輩たちにホワイトボードを指さしながら戦術や対策を伝えていました。日本の運動部活動は上下関係が厳しいため、にわかには信じられないかもしれませんが、飛び級がある欧州のフットボールでは先輩・後輩の壁は皆無に等しいのです。

すでに戦った経験をもつ後輩たちの肉声は、どんな優秀なコーチのスカウティングよりも先輩たちに届いたようでした。

ビジャレアルが指導環境の改革に舵を切る前は、監督がホワイトボードを前にマグネットを必死に動かしてレクチャーをし、試合に送り出していました。しかし、それは「あまり豊かな指導環境ではない」という結論になりました。

コーチから一方的に教え込むのではなく、選手同士が学び合う環境をつくることに注目したのです。それこそが学習効果を高めることになる。ひいては、先輩と後輩、コーチと選手といった階層をフラットにすることになると考えました。

やがて、試合前のレクチャーを選手たちがするようになりました。今日はこうしよう、相手のあそこに気をつけよう——選手一人ひとりがどんどん意見を出してくれます。コーチたちは選手たちと同じようにベンチに座って、ファシリテーター（潤滑油）となり、こうした選手間の会話をまとめる役を担うようになったのです。

日本の中学生にあたるカテゴリーの育成選手たち。指導改革の前は試合前のローカールームではコーチが相手チームの説明をしていたが、選手たちが自分たちで分析を行いミーティングをするようになった。(著者提供)

改革を始める前は、20人の選手がいたら、そのなかで2、3人の気のきいた選手、キャプテンシーのあるような選手が意見を言っておしまいでした。それがまるで「みんなの意見」みたいになっていました。ところが、現在では20人が20人それぞれのレベル、それぞれの感覚でどんどん言葉を出していくのです。

その様子を収めたミーティングの映像を見たとき、ここまで進化したのかと驚きました。改革を始めて2年ほど経ったころの話です。

大人が子どもに、上司が部下に、成長してほしい相手にキャスティングボートを譲るだけで大きな成長が得られる。私たち大人が「いや、無理でしょ」と相手の力を信じなかったり、「レクチャーはこちらの役目だから」と古い慣習にとらわれていただけなのです。

映像のなかの中学生たちは、すさまじい勢いで意見を述べていました。その様子を「あぁ、なるほどね」とうなずきながら見ている大人たち。それは違うんじゃない？　などと、子どもの意見を否定せず、見守ります。間違ったり、作戦が失敗すれば、またやり直せばいい。

私たち指導者でさえ、間違うことはあります。引いてくる相手に対して……としゃべった数分後に、攻め込まれる。そんな失敗はあって当然です。

何よりも、私たち指導者の役目は「失敗しないように導く」のではありません。失敗を恐れず踏み出せる子、失敗を糧にできる子を育てること。なるほどねと耳を傾けられる大人たちがいる空間を、人材育成の現場でつくり上げていく。そのためには、人と人との関係性を対等にしていくことが重要なのです。

大人たちの関係性を対等に

選手と指導者の関係をフラットにするため最初に取り組んだのは、それぞれの指導者を対等に扱うことでした。

各カテゴリーに、監督、コーチと平均5人の指導スタッフがいます。あるときから選手たちに「今日から5人とも監督だから」と伝えました。もともと5人全員が、日本のS級ライセンスにあたるUEFA（欧州フットボール連盟）プロライセンスを取得しています。

監督、コーチ、といった肩書があったときから、指導者が5人いれば5人それぞれの意見や見方があることを選手たちは知っていました。であれば、指導者たちの多様な意見が認められる空間がチームのなかにつくられるほうがいい。大人が横並びになったほうが、選手たちも自分から意見を述べたり、正直にコメントしやすくなると考えたのです。

フットボールの世界は実は古い体質なのかもしれません。スペインで、例えば選手が22人いて、スタッフが5～8人いるとします。そこにはわかりやすいヒエラルキーが存在します。

監督という絶対的なトップがいて、その人の意見がすべて。その人を怒らせてはいけなくて、その人が右と言ったら右というところがあります。

その下に助監督（コーチ）といわれる人がいて、その下にまたフィジカルトレーナーやゴールキーパーコーチがいる。

さらにその一番下に選手がいるわけです。

本来なら、監督と選手22人全員がとても近い距離でコミュニケーションを図り、人間関係をつくっていかなくてはいけません。それなのに、すごく遠いところでつながっていたり、壁があったりします。人間同士なので、どうしてもフィーリングが合わなかったら、まったく距離が縮まらないまま1シーズンを終えてしまう選手が何人も出てしまいます。

そもそも試合に起用する、しないは、コーチの主観であり、好みやサッカー観、もっといえば選手との相性も関係してきます。それで1年間試合に出られず終わってしまうのは、彼らにとっても、クラブにとっても、実は損失で、プレーヤー全員に平等に学びの機会を与えているとはいえないのではないか——。そんな疑問が私たちの中に生まれました。

そこで私たちは、ユース年代のスタッフに一旦階層をなくし、横並びにしてみました。監督、助監督といった肩書をすべて取り払ったのです。みんな監督、みんなコーチというわけです。

そうすれば、監督といわれていたAコーチとは相性が悪いけど、助監督だったBコーチとは相性がいい選手は、逃げ口というか出口みたいなものを見つけられます。Aコーチは苦手だけど、Bコーチに相談してみようと思えるわけです。

ここに監督、助監督の階層があれば、選手は「どうせ助監督は、監督とは違う意見は言えないだろうし」とあきらめてしまうところを、話しやすいオープンな環境に変えられる。選手にとって学びの機会や量が増えると考えたのです。

トップのひとりが絶対的な決定権をもっていて、その人が言うことに従わなければいけない。そんな体制を組織図から改革することで、どのように選手が変わっていくか、彼らが得る学びがどう豊かになるか。そんな仮説を立てながら取り組み始めました。

丸テーブルに変える

スタッフを横並びにしてしばらくすると、一部のカテゴリーで「やりにくい」「統率がとれない」「意見が割れてまとまりがつかない」といった声が出てきました。

それらの正直な声をコーチ全員で受け止めながら「では、振り出しに戻ってみよう」と意見を集めました。〝振り出し〟とは、「選手の学びの機会が増えたかどうか」です。

すると、「間違いなく、学びの機会は増えている」「横並びのほうがいい」という声が多数を占めました。結局は大人の問題であり、大人同士の関係性の良し悪しで選手の学びに悪影響を及ぼしてはいけません。

子どもに主体性を求めるのであれば、大人たちも受け身で過ごすべきではありません。上司の言うことが絶対という状態では、トップに君臨するひとりの人間だけの狭い価値観から抜け出せず視野が狭くなります。

私たちは、自分たちのヒエラルキーを壊すことで、自分たちが変わらなければいけないと改めて決意しました。大人こそがみんなで学び合うという体制をつくる。それには、みんなが意見できる風土に変える。つまらない意見でも許容し、受け止めるといった努力を重ねていくのです。

そんなプロセスで出てきたのが、使用するテーブルの形を変えるアイデアです。

それまでは、四角いテーブルを何列か置いて、選手たちにそこに座ってもらい、一番前に立てたホワイトボードの横にコーチが立ってミーティングをしていました。

言葉はアクションを生む。アクションがパフォーマンスを生む。パフォーマンスは習慣

選手は日本の高校生にあたる。自分たちのゲームビデオを観ながらミーティング。互いに顔が見える「丸テーブル」にコーチも入って話し合う。四角いテーブルが並べた壇上から話すよりも対等な関係を築きやすい。（著者提供）

化する。だからこそ、言葉一つひとつを大事にしようと考えていました。

それなのに、テーブルが「四角」でいいのかな？

ということは、あなた（選手）はあちら側、私たち（コーチ）はこちら側という、ヒエラルキーを匂わせるメッセージが隠されてないだろうか？

メンタルコーチからそんな提案がありました。


そうだ。テーブルを丸テーブルにすれば、立場は地続きで、上も下もなくなる。あなたの意見も、こちらの話も、すべて大事だねというメッセージになる。

このことに気づいた私たちは、クラブハウス内に置かれていた四角いテーブルを、すべて丸いものに変えました。

実際に丸に変えると、やはり気分が違いました。コーチが一方的に指示、命令する空気はこのときすでにかなり減っていましたが、より選手の話に耳を傾ける場面が増えたと感じています。

丸い大きなテーブルは、チームに対等な関係性を根付かせる一助になったのです。しかも、テーブルはフリーアドレス制（席を固定しない方法）。指定のデスクや部屋（例えば、監督室など）を取り除き、壁を取り壊し、オープンスペースに作り替えました。その流れで、テーブルを四角から丸にしたのです。

とはいえ、テーブルを丸にするだけで、すべてがうまくいくわけではありません。他のことを何も改革せずに、テーブルだけ丸くしても変わらないでしょう。それだけでは、選手にとって安心安全な環境にならないからです。

第2章で「何を言ってもダメ出しをされる環境では、人は心のシャッターを下ろし何も意見しなくなる。何を言っても、受け入れてもらえる安心安全な環境でこそ、選手たちは成長できる」とお伝えしました。

ところが、日本では指導の現場に緊張感や切迫感を求めていないでしょうか。

コーチがよく使う言葉に「集中しろ」や「気を引き締めろ」といった言葉が非常に多いように感じます。これらはどれもが命令形です。指導者と選手の関係性が対等ではない印象を受けます。

そもそも、日本語は、尊敬語、謙遜語、丁寧語などといった敬語があり、表現が豊かな言葉である一方で、ヒエラルキーが生まれやすい言語のようです。注意が必要と言えるでしょう。


例えば、私たちは自分のなかに縦割りで順位をつけてしまう癖があるようです。初めて会う人に、この人は自分の上に位置づけるべき人なのか、そうでないのかを、一瞬にして本能的に見分けてしまいます。

敬語で話すべきか、若い人のいう「タメ語」でいいのか。年齢だけでなく、役職や、尊敬できるかできないかという視点もある。もしかしたら、損得というメジャーも存在するかもしれません。


私が28年間暮らしたスペインは、この言語環境が違います。

選手は私のことを「ユリ」と呼びます。監督に対しても同じです。○○監督とは呼びません。私たちも選手を名前で呼びます。

では、コーチを名前で呼べば関係性が対等になるかといえば、やはりそうはならないと思います。

まず、リスペクトというものをはき違えてはいけないと思います。ため口をきいたり、コーチや先生を下の名前で呼ぶだけでは、安心安全の空間をつくれないでしょう。

それよりも、監督や上司といった大人側のスタンスの改善が必要です。

大人側の傾聴力を高めること。相手がどう思ったのか知りたい、聞かせてほしいと本気で思えること。そういったことが大事です。

したがって、そこで用いられる言葉がタメ語なのか、敬語なのかは、あまり関係ないかもしれません。

野球少年の土下座

SNSで、少年野球大会で自分のミスで敗れた後に、チームメイトに土下座して謝る小学生を見かけたという投稿を読みました。

――自ら土下座をしたのか、チームで土下座をする文化があるのか、はたまた違う理由があるのかは定かでは無い。ただ、本人がすべきは「土下座」じゃないし、この経験を生かせるのかトラウマになるのかこそが、本人に寄り添う監督・コーチ・保護者で決まるのだと思う。（一部抜粋）

そのような文章と一緒に、その方が手描きでスケッチしたらしい土下座をする少年のイラストが掲載されていました。

このことは、何も問題にもならなかったようですが、日本ではスポーツの指導現場でのパワハラ案件は少なくないようです。

スペインでは見聞きしなくなった過度に厳しい指導は、なぜ蔓延《はびこ》っているのでしょうか。もちろん日本にも、さまざまな競技に素晴らしい指導者がたくさんいます。しかし、少なくとも他国（主に欧米）ではあり得ないような言動が、日本ではいまだに一部で容認されているのが事実です。

時の流れとともに、社会は変わり、物事の良し悪し、価値観もかたちを変えます。それなのに「指導者が主で、子どもは従うもの」という思考はなかなか進化しないようです。日本の指導者改革を本気で進めるのなら、新しい時代の社会基準や思考の進化をすべての指導者に学んでもらわなくてはなりません。そして、学んだことを確実に行動に反映させる。内在化してもらう取り組みが必要でしょう。

「指導者は、選手の学びの機会を創出するファシリテーターに過ぎない」

このことを、ビジャレアルでは指導哲学のベースにしています。選手の学びを創出する。そのために、選手を威嚇し恐怖を与えたりしてはいけません。そんなことをする人は「支配者」であり、決して「指導者」ではありません。

大人が子どもに土下座をさせたのかどうかはわかりません。しかしながら、関係性が対等であれば、コーチもさせないし、子どももやらない。起こり得ないことです。

以前から部活動の休養日の義務づけや練習時間の制限など、日本におけるスポーツのあり方や見直しが話題になっています。そのなかであまり聞こえてこないのが、少年スポーツの練習時間の長さです。

この過度な練習量も、指導者による「支配」の表れではないでしょうか。

（私は）「子どもたちを勝たせるためにいっぱい練習させる」

（僕は）「チームを強くするために練習させる」

いずれも、主語の（私は）（僕は）は、指導者です。

しかし、「選手の学びの機会を創出するファシリテーター」が指導者であるのなら、その学びの機会を享受する選手は活動の「主体」です。つまり、「主語」になるのです。

「私は（僕は）勝ちたいから、いっぱい練習する」と、子どもが主体的に考えて動くことが当然の帰結かと思います。

日本でも「アスリート・センタード・コーチング」という言葉で、「選手を真ん中にした指導を」と唱える人が増え始めています。なかには「私たちは、子どもたちが勝ちたいというから、やらせている」と言う人もいますが、ここも同じ。主語は大人たちです。もし子どもがもっとやりたいと言っても、故障やバーンアウト（焼え尽きること）を回避するため科学的に適切な強度のトレーニングを施す責任が大人にはあります。

ビジネスの現場でも、上司が命じてやらせるのではなく、社員が自ら取り組みたくなる環境整備をするのが本質だと思います。

支配されると練習時間が長くなる

日本のスポーツ指導の問題は、私のようにフットボールの世界やスペインの事情しかよく知らない者が気軽に意見するものではないかもしれません。ただ、ひとつ気になったのは「練習時間が減ると、競技力が衰退するのではないか」という懸念の声です。

かくいう私も18歳でスペインに渡るまでは、サッカー、ソフトボール、ゴルフなどを、地元の少年団や部活動を通じて経験しました。日本のスタイルと、欧州のそれを私なりに比較することはできます。

では、28年間に及びスペインで指導者としてやってきた今、どう考えているか。

フットボールに関しては、練習すればするほどうまくなるような単純な競技ではないと思っています。

スペインのフットボールは育成年代において優れた育成システムをもつといわれ、世界からも高い評価を得ています。ビジャレアルにも、膨大な数の指導者が世界中からひっきりなしに研修にやってきます。

「ビジャレアルでは、選手育成のために何か特別なことをやっているのか？」

そう尋ねられると、返答に困ってしまいます。秘伝の育成レシピがあるわけでなく、ただ「常識ある範囲で」「選手を最優先に」「（脳科学や心理学を含めた）科学的な根拠をもとに」指導を探索してきました。

これら3つを念頭に、ただただ日々精進あるのみ。他に特別なことはしていません。

では、スペインの子どもたちは日本の選手よりもより多く練習をしているのだろうか？

もしくは、日本の子どもたちは本当に練習のしすぎなのか？

この疑問に対する解答は私にもわかりません。そこで、ビジャレアルの育成選手を取り巻く環境を数値化してみました。各年代のトップチームで過ごした例です。どの子どもも、スペイン各地でスカウトされたフットボールのエリート少年。青少年期をほぼフットボール漬けで過ごすため、スペイン国内でもフットボールに注ぐ時間が圧倒的に多いケースになります。

そんな彼らが、小学1年生から高校3年生までの12年間で練習と試合に費やす活動時間の合計を算出すると、3124時間でした。年代によりますが、小学生で活動は週に3日。夏休みのオフは2か月あります。

スペインにも大学受験はあり、子どもたちはそれなりに学業でのストレスを抱えています。しかし、彼らに「試験期間中は練習を休んでもいいよ」とでも言おうものなら、私たちが怒られてしまいます。

「僕らの唯一の気分転換であるフットボールまで奪わないでくれ！」と言われるに決まっています。嫌々やっている子どもはいません。フットボールが楽しくてたまらないのです。

選手ひとりあたりのコーチの絶対数が定められ、毎週末は必ず試合に出場できるシステ

ビジャレアルの育成年代の活動総時間

<table>
<tr><th></th><th>小1</th><th>小2</th><th>小3</th><th>小4</th><th>小5</th><th>小6</th><th>中1</th><th>中2</th><th>中3</th><th>高1</th><th>高2</th><th>高3</th></tr>
<tr><td>各チームの選手数</td><td colspan="6">12～14名</td><td colspan="6">18～22名</td></tr>
<tr><td>各チームのコーチ人数</td><td colspan="2">3～4名</td><td colspan="2">4～5名</td><td colspan="2">5～6名</td><td colspan="6">6名～</td></tr>
<tr><td>週の練習日数（月～金）</td><td colspan="6">3日</td><td colspan="6">4日</td></tr>
<tr><td>1回の練習時間</td><td colspan="6">75分</td><td colspan="6">90分</td></tr>
<tr><td>年間の公式戦</td><td colspan="6">約30試合</td><td colspan="6">約34試合</td></tr>
<tr><td>親善試合や大会等</td><td colspan="6">約15試合</td><td colspan="6">約10試合</td></tr>
<tr><td>試合時間</td><td colspan="2">20×20</td><td colspan="2">25×25</td><td colspan="2">30×30</td><td colspan="2">35×35</td><td colspan="2">40×40</td><td colspan="2">45×45</td></tr>
<tr><td>冬休み</td><td colspan="10">約15日</td><td colspan="2">約10日</td></tr>
<tr><td>夏休み</td><td colspan="6">2ヶ月</td><td colspan="6">1ヶ月半</td></tr>
</table>

ビジャレアルの育成カテゴリーの練習や試合といった活動時間を著者が調べて数値化したもの。（佐伯夕利子オフィシャルブログ「スペイン育成年代のトレーニング総時間 ～練習時間と競技力の関係性～」参照）

ムが用意されています。小学生の1回の練習時間は75分。ダラダラと何時間もトレーニングさせることはなく、冬と夏はしっかり完全休養を与える文化があります。プロであるトップチームの選手にオフがあるのに、育成年代だけオフがない日本のほうが不思議に見えてしまいます。

組織として一貫した育成過程を提供し、適度な練習量、良質な練習内容、すべての子どもに継続的に試合の出場機会を与える競技システムの構築。なおかつ、意味ある学びを習得できる。こうした環境づくりこそがスポーツの競技力を左右する。つまるところ、練習を何時間行うかではなく、「学習効果を高めるためのスポーツ環境づくり」が何よりも重要なファクターだといえます。

この要因を見ずに、練習は裏切らないとばかりに長時間練習を強いてしまう様子は、大人によってスポーツが支配されているように見えてしまいます。指導者自身もこのことに気づかないのかもしれません。

支配されると、長時間練習になりがちです。逆に、子どもと対等であれば、時間の長さや心身への負担、試合への平等な出場機会を考えられるはずです。

スペインではビジャレアルのみならず、小学生は75分以上は練習しません。試合時間が小学5、6年生で30分ハーフ。全部で60分なので、それ以上の過度なトレーニングをする意味がないのです。これはスペインフットボール協会が決めたわけでもなく、すべての人々が「小学生は75分で当然」と考えています。スタンダードな認識です。

中学生以上はプロでさえも、90分以上練習することはありません。なぜならば、ゲームが90分だから。要は最も現実に近い状態でトレーニングをすることが、クオリティが高い状態とされています。

そのような理解のもとに立つと、試合時間である90分間で質を求め、より内容の濃い、クオリティの高いトレーニング内容を90分で収めること。それこそが私たちコーチのチャレンジであり、腕の見せどころということになります。

加えて、フットボールという競技における人間の集中力が「それ（90分）以上もたない」のも、ひとつの理由です。フィジカル面の負荷という側面で、長時間練習は選手の体を痛めつけることになるのでNG。このことも社会に浸透しています。例えば、週の平日5日間のなかで1日はオフ。週末土曜か日曜が試合なので、そのどちらかはオフになります。

日本とスペインでは、小中高校生がサッカーに費やす時間はかなり違うようです。日本では小学生でも週5～6日、なかにはチーム活動以外にサッカースクールなどにも通い、1週間休みなしで取り組むケースもあると聞きました。

サッカーの練習時間と大人の労働時間を比較すると、比例しているかもしれません。スペインは、8時間労働で基本的に残業をしないのが一般的です。

centred

第6章
「教えないスキル」を磨く

「恐竜の名前を覚えよう」心地よい学びの環境を

私たちのところでフットボールをしている子どもたちを見ていると、ある変化に気づきます。3歳でわけもわからず親に連れてこられていたのが、4、5歳くらいになるとフットボールが好きになっている。自分からボールを追いかけ、積極的に練習に参加し始めます。

ただし、そのやる気は毎週続くわけではありません。

4歳児のM君には人知れず恐竜ブームが到来していました。練習中にコーチのところに来ては恐竜の話をします。もはや歩く恐竜図鑑。頭の中は、恐竜たちが生きていたジュラ紀か、白亜紀か？　と思わせる没頭ぶりです。

「ティラノサウルスがね」「トリケラトプスはね」

夢見心地で話す様子は微笑ましいのですが、コーチたちはその子に合わせてばかりもいられません。練習を進めなくてはいけません。

さあ、どうしたものか。そこでコーチたちが考えたのが、フットボールのトレーニングに、ティラノサウルスやトリケラトプスを取り込むことでした。

「今日の練習は、M君に恐竜の名前を教えてもらおう！」と子どもたちに宣言して練習を始めました。

例えば、コーチがティラノサウルスになります。「ティラノサウルスがジャンプしたら、ドリブルでティラノサウルスを追いかけよう！」と呼びかけます。

すると、大好きな恐竜の名前が耳に飛び込んできたM君は大喜び。コーチがティラノサウルスにしか見えていないようで、仲間たちと一緒にキャッキャと歓声を上げながらドリブルをスタート。ティラノサウルス（コーチ）を見ているので、ボールを見ずに進みます。視野を確保してドリブルするという高度なスキルまで磨けてしまうのでした。

こんなふうに子どもたちが興味をもったものをフットボールに絡ませたのです。

これこそ、大人ができる、学習効果を高める工夫。スポーツを好きになってもらうための知恵です。

日本でも同じです。「今はサッカーの練習なのだから集中しなさい」「練習中に遊ぶものではありません」「ここに何をしに来ていますか？」と、子どもを叱ってやらせても、そこは子どもたちが成長できる「心地よい学びの環境」にはなりません。

ガミガミと怒られながら「何もわかっていないね」などとネガティブなメッセージ満載の空気のなかで、学ぶ意欲が生まれるはずありません。じゃあ、叱らず褒めようといえば、褒めてばかりでいいのか？　という声があがる。そういった言葉がけで刺激を与えるやり方は、そろそろ見直したほうが良さそうです。そうやって、時に私たちは子どもに無理やり高いハードルを跳ばせようとしていたようです。

そのときついて行けなくてふるい落とされた子どもは、もう少し待てば成長できた金の卵だったかもしれません。高校や大学で活躍したりプロになったりしなかったとしても、一生フットボールを愛し、フットボールから人生を学んで成長していく人材だったかもしれません。

それなのに、大人は工夫しないままでした。たまたま競技をやめずに生き残った子どもだけを扱ってきたようです。さまざまなスポーツの競技人口の減少は少子化だけの問題ではありません。心地よい学びの環境を提供してきたかどうか。そこを検証しなくてはなりません。

そして、このことはスポーツだけの問題ではないようです。弱々しい、根性がないと、いつの時代も「今どきの若者」は否定されがちです。それでは大人はその彼らのためにどんな工夫をしてきたか。そこを振り返る必要がありそうです。

第5章で「選手の学びの機会を創出するファシリテーター（潤滑油）が指導者であるのなら、その学びの機会を享受する選手は活動の主体。つまりは選手が主語であるべきだ」と述べました。このことを学んだからこそ、ビジャレアルの指導者たちは子どもに歩み寄り、練習を工夫できたのです。

その過程で、メンタルコーチが私たちに口酸っぱく言ってくれたのが、前出の「指導者＝ファシリテーターである」という新たな学びです。

これまでは、学びの形態がひとつしかありませんでした。先生が教壇から教える座学のやり方で、今でも主軸のかたちです。

ところが現在は、学んでほしい人に一旦「教える人」になってもらって、教え合い、学び合いをするようにもなりました。豊かな学びの環境が生まれているのです。

であれば、フットボールの指導者も、学びの機会を創出するファシリテーターの立場であるはずだ——そのように定義し直しました。それまで圧倒的な知識と権限をもった指導者側がアクションし、それを選手に伝えることでチームをつくってきた旧来の方法を転換したのです。

「教えないスキル」の核となるもの

2018年ごろから、日本の指導者やスポーツ関係者にビジャレアル・コーチングスタッフのメソッドについて話す機会が増えました。皆さんそれぞれに理解の仕方が異なるのか、時折「ビジャレアルの指導者が何も言わないコーチングになったのは、これこれこういう理由ですか」と言われました。

つまり、「何も言わない」「教えない」がクローズアップされがちでした。単に放任的なクラブと短絡的にとらえられているのではないか？　そう悩んだこともありました。

しかしながら、本書をここまで読んでくださった方々はもうおわかりかと思います。「教える」は、指導者や上司が主語です。一方の「学ぶ」は選手や部下が主語になります。指導者はあくまで選手の「環境」の一部と言えます。

したがって、彼らは教えません。手取り足取り教える代わりに、選手が心地よく学べる環境を用意し、学習効果を高める工夫をする。「教え方がうまい」といった指導スキルではなく、選手が学べる環境をつくることが育成術の生命線なのです。

考える癖をつけることに重きを置き、考える余白をつくってあげる。

一方的なコーチングをせず、問いをつくることにこころを砕く。

選手たちが「学びたい」と自然に意欲がわくような環境を整備する。

これら「教えないスキル」の核になるものを獲得するプロセスで、私は気づきました。「伸ばしたい相手を主語にすれば、誰しもがその相手のために心地よい学びをつくろうとする。誰しもが工夫し始めるのだ」と。

注目すべきことが明確になっていくにつれ、指導者の間で「合言葉」が生まれました。そのひとつ「インテンショナリダッド（Intencionalidad）」は、英語でいうインテンショナリティ、「志向性」と訳されます。要は、指導者は言動に「意図」を持ちましょう、ということです。

例えば、2章でお伝えした「3歳児の練習メニューづくり」を思い出してください。そこでは考えさせる要素の有無が問われます。意図が明確でないものはNGなのです。

もうひとつが「自覚している状態」を表す「コンスシエンテ（Consciente）」、英語でいうコンシャス（意識的・自覚的）という言葉も大事にしています。指導者が、そのことがどういうことかをわかっていて口にしたり、行うことの大切さを指します。

3章で、いつも何気なく使っていた「ビエン（いいね！）」が空っぽだったと気づいた話をしました。そうやって気にせずに使っていたたくさんの「無自覚」を掘り起こす作業を、丁寧に行ってきました。まさに大人の気づきを問う部分です。

また、すでに述べましたが、10人のメンタルコーチが私たちの指導改革をサポートしてくれました。ここまでの規模でスポーツ心理の専門家をフルタイムで雇用しているクラブは、欧州でもなかなかありません。

これまでのコーチングスタッフは、監督、助監督、フィジカルトレーナー、ゴールキーパーコーチ。ここに総務を担うマネージャーを入れて構成されていました。改革を始めた当初は2人だったメンタルコーチが今では10人になり、U13以上の各カテゴリー全チームに1人ずつ入る形でカバーしています。

彼らは、他のコーチと同じように練習や試合の現場に立ちます。心理学の視点で外からチームを見守りながら、ミーティングなどでサポートをしてくれます。

フットボールクラブでメンタルコーチの重用は珍しく、心理学を信用していない人はいいまだに少なくありません。

今でこそメンタルコーチの重要性を痛感した私ですが、当初は懐疑的でした。なぜなら、心理学とは何なのかをよく理解していなかったからです。

例えば、各チームには必ずボディケアをするメディカルトレーナーがいます。体のケアは必要だという認識がすでに浸透しています。痛みや腫れなど、炎症を起こしている事実はわかりやすいので、選手もコーチもケアを求めます。

ところが、マインドセットの歪みという、いわばこころの炎症に似たものは実感しづらかったりします。そのような目に見えないものを、メンタルコーチはケアしなければいけません。したがって、彼らは非常に能力が高いと思われます。数値化、可視化ができない部分を地道に追求する姿にも頭が下がります。

そのような人たちの「他者を変えていく力」を私は目のあたりにしたのです。コーチであれ、選手であれ、マインドセットの手伝いをしてくれる存在は、彼らにとって間違いなく必要だと考えます。他のクラブにもし相談されたとしたら、間違いなくメンタルコーチの整備を勧めます。

彼らは、私たちに「学びを生む環境の創出力」と「学びの機会の提供力」を今も問い続けます。「心地よく、かつ失敗できる環境を提供することこそが、選手にとっての学びのチャンスとなる」ことへの理解を促し、指導者の一方的な教え込みのリスクに対し警鐘を鳴らしてくれるのです。

U13から社会活動を経験させる意味

ビジャレアルでは、U13の選手は動物愛護の団体とパートナーシップを結んでいます。U23は脳性麻痺の方々、U16は認知症の方々をケアするセンターと、それぞれ1年間契約で交流を行っています。

認知症の高齢者の方や脳性麻痺の患者の方々と、うまく言葉は交わせないけれど触れ合う。道に捨てられた子犬を拾ってケアをする人たちと話をする。このことは、ビジャレアルというクラブが社会に対して貢献するというスタンスではなく、社会経験が少ない彼らに、社会のリアルや人生の断片を教えてもらっているということです。

そうすると、時に生意気な顔を見せるサッカー少年たちに変化が起きます。自分の心のなかの深い部分で感じるものがあるようです。自分たちとはまったく違う世界に住む、異なる年代の人たちの人生に触れることで、理屈ではないエモーショナルな部分が動くのです。

顔つきや使う言葉が変わります。話を聞くと、ものの見え方が変わっていたりします。刺激になりそうな話を懸命に伝えても効果が出ないのに、このような活動を終えて戻ってくるとすっかり大人になっていることがあります。

さらにいえば、人のためになることで「良き人間でありたい」というモチベーションが高まるのも確かです。車いすを押す、一緒に歌をうたう。特別なことなど何もしていないのに、喜んでくれる人が居る。そこに気づくことがとても大事です。

人のためになる。人のために何かをする。いつもは、体に不具合があれば点検してもらって、マッサージを受ける。試合に行くときはマネージャーが航空機の手配もしてくれるし、食事だって何も言わなくても出てくる。要はテイク（Ｔａｋｅ）ばかりの彼らが、ギブ（Ｇｉｖｅ）することで喜びを感じることができます。

ドネーション（寄付）や慈悲活動。例えばクリスマスが近づいてきたら、小児病棟を訪れて闘病する子どもたちにプレゼントを贈る。そういうことも間違いなくいいことですが、一過性のものではなくもっと深いところでつながってもらえるよう持続性のある取り組みを目指しています。

社会に近づける取り組みを大人たちがしていく。接点をつくってやることがとても大切です。これこそが「教えないスキル」です。

そして、これは日本の選手にも足りない部分だと思われます。今の子どもは塾や習い事、学校に部活動にと、一日24時間をパンパンに詰め込まれた状態で生きています。何らかの社会経験を積んだりする余裕など皆無の状態です。

一般社会との接触が乏しい選手たちを、サッカー選手ではなくなった途端に孤立しないようにする配慮もしなくてはいけません。

そう考えると、引退した後にその選手がどんな社会貢献をし、どういうふうに生きていくかというところは、究極の指導成果なのかもしれません。

cognitive

第7章 認知力を育てる

日本人はフットボールで世界上位に食い込める

ビジャレアルの選手に特に求められる要素のひとつがコグニティブ・スキル（Cognitive Skills）、「認知力」です。時間、空間、スピード、変化、シチュエーションなど、ゲームにおける不確定要素を認知する力のことを指します。

試合の中で選手たちが見せる、流れるようなパスワークや、他の選手がプレーできるスペースをつくるために自分がおとりになるような動き。日本でよくいわれる「クリエイティブなプレー」なども、認知力がベースになります。

この認知力を選手がより養えるよう、私たちは指導改革をしました。体が大きい、強い、速いといった要素よりも、試合中の不確定要素をどうとらえ、考え、判断し、選択したか。脳の動き、作業の精度を高めることを選手に求めます。

世界のフットボール業界を見渡すと、認知力を選手の能力の優先順位として位置づけるクラブがあれば、コンディショニングを入口にしてフットボールを理解するクラブもあります。後者の、コンディショニング寄りのクラブは、選手のスピードやフィジカルの強さ、パワーを重視します。そういったクラブは総じてジムの装備に力を入れているようです。

スペインのクラブはさまざまな特色をもちますが、近年は前者のほうが多いようです。私たちはコンディショニングにも取り組むけれど、フットボーラーを育てるときにコグニティブ系の話や、そこを磨くトレーニングにより多くの時間を割きます。体が大きくなくても、スピードがなくても、高く跳べなくても、世界一になれるスポーツだと選手に話します。

そう考えると、スペイン人同様、体格に劣る日本が指向すべきスタイルは「ビジャレアル的なもの」だといえるでしょう。

速さ、高さ、強さは、高いレベルになればなるほど、努力だけでは超えられない部分があるからです。であれば、日本人のディスアドバンテージである速さ、高さ、強さを磨かなくても、脳内思考のスピード、質の高さ、しなやかさを身につければいい。

これはまさに、2010年のワールドカップ（W杯）南アフリカ大会で世界一になったスペイン代表が証明しています。日本同様、スペインも小柄な人が多く、フィジカルは強くありません。つまり、ビジャレアルメソッドは日本人に向いているのです。

日本も認知力を高める育成スタイルを選択したほうがよいのではないかと思います。そもそも脳内作業のスピードを上げる取り組みは、勤勉で真面目な日本人の得意分野のはずです。

フットボールは、日本人が世界の上位に食い込んでいけるスポーツのひとつになりうるのです。

「頑張る文化」から「創造する文化」へ

とはいえ、日本で育成の段階で認知力の養成を指向する指導者は、まだ少数というほかありません。つまり、日本が指向すべきフットボールスタイルと、それを強化する「指導文化」は、大きくずれているようです。

「日本（のスポーツ界）には、一生懸命頑張る文化はあるけれど、選手が自ら考えて行動する文化がなさすぎる」

第2章で紹介した、大学でバスケットボールを指導している守屋さんの言葉です。彼女のいう文化は、つまるところ指導、教育を指します。

頑張らせる指導（教育）はあるけれど、自ら考えて創造したり、自分で判断できる力を養う指導（教育）がないということです。

彼女の指摘を象徴するような場面を、スペインで見たことがあります。

日本の高校生のチームがスペインに遠征をしたときのことです。

試合開始が夕方の6時からだったでしょうか。日本の選手はずいぶん前からグラウンドに現れたのですが、彼らはピッチ脇の狭いスペースに立ちすくんだまま、一向になかへは入りません。ピッチは空いているのに、誰ひとりウォーミングアップを始めようとしません。

「アップしないの？」と私が声をかけると、「もう入っていいんですか？」と目を丸くしています。「（ピッチの使用開始が）5時からだと言われたので」5時になるのを待っているというわけです。時計を見たら、4時53分。あと7分あります。

しかし、誰も自分たちの前に使っている人たちはいません。ガラガラです。5時にならないと使えないと言われたから待っている、というわけです。

6時から僕たちの試合は開始されるのだから、空いているピッチでアップをするのは構わないだろう。いや、空いているのだからアップをする権利があるはずだ──。そんな判断や主張がないようです。「5時からしか使えないと言っただろう」と叱られると思ったのでしょう。

彼らは、それだけ多くの禁止事項のなかで生きているのだ。息苦しい環境で育っているのだと感じさせられました。

禁止事項が多いなかで、「これとこれはいいですよ」と示されたものに従って生きている。ほとんどの場合、大人から一方的に説明を受け、規律や決め事が多く、守らなければ罰を与えられる。したがって、自分で何かを考えて、選択して行動する機会が非常に少ないように見えます。

「認知力」は、禁止事項があまりなく、自由で、たくさんの選択肢から選ぶ機会が多い環境で養えます。ところが、日本の環境はそうではありません。判断を養う教育が施されていません。

前述したように、指向すべきサッカースタイルと教育がアジャストしていないのです。


この日本がとるべきスタイルと教育の不一致は、実はフットボールに限りません。守屋さんがこのことを嘆いたように、体格に劣る日本のバスケットボール指導者も脳内作業のスピードを上げることに力を注ごうとしています。これは、バスケットボール、ラグビーといったコンタクトプレーのある球技は皆、同じ傾向だと聞きます。

教育や人が育つ環境は、スポーツに大きく影響を与えるのです。


なおかつ、これらはビジネスでも同じことがいえるでしょう。

国土が狭く、資源が少ない日本の強みは誠実でクレバーな人材です。それはすなわち、ビジネスアイデアという脳の作業に違いありません。そこを高めていくことで世界と伍して戦えます。

それなのに、日本がＩＴ系分野において遅れていることは非常に意外でした。自治体、職場、学校と、あらゆる場所でデジタル化が遅れていると聞きました。国連の経済社会局（ＵＮＤＥＳＡ）が発表した、デジタル化の進み具合を示す電子自治体ランキングでは、1位はマドリード（スペイン）、2位はニューヨーク（米国）で、東京は24位。

このこともスポーツ同様、適性と実態のずれかもしれません。

生き易いけれど、息苦しい日本

先ほど、日本の子どもについて、禁止事項が多いなかで、「これとこれはいいですよ」と示されたものに従って生きていると表現しました。

子どもたちが「外で遊びたい。サッカーボールを蹴りたい」と望んでも、どこでもボールを蹴れるわけではありません。この場所ならやってもいい、この時間帯だったらと、細かく規制されているし、散歩に出れば「芝生に入らないで」と看板があります。

芝生に入るのもボールを蹴るのも基本的に禁止。わかりやすくいうと、全部黒の禁止エリアに白のOKエリアがぽつぽつある状態です。

では、スペインはどうでしょうか。この国は路上駐車が多いので有名です。一部の都心や観光地以外は、基本的にどこでも駐車できます。ただ、バスが右折するここのカーブのところはやめてくださいと、路上に黄色のペンキで記されています。救急車の出入り口も黄色の線。要するに、白と黒の割合が日本と逆になります。

逆なものは他にもあります。

東京の街を歩いていても、あれだけの人やモノが溢れ返っている街で、しかもゴミ箱がないのにゴミが落ちていません。海外の人たちからは「奇跡だ」と驚かれます。なぜそうなるかを考えると、共有されている公共の空間を自分がゴミを捨てて汚すことが許されない社会なので、ゴミを捨てない風土があり、秩序が保たれています。

まわりの目が厳しいからです。

ところが、その厳しい目が、人の尊厳や人権について閉じられてしまいます。子どものこころを傷つける暴言や試合の出場機会に差をつける補欠問題など、大人の理解や意識でしか解決することのできないケースはなくなりません。学校や企業内でのパワーハラスメント、セクシャルハラスメントも同様です。秩序は重んじられるのに、人権が軽く扱われていないでしょうか。

かたやスペイン。道端にゴミが落ちているし、路駐も多いですが、人を蔑んだり、リスペクトを欠く言動が許されない風土や空気があります。何よりも、人権・尊厳が優先されています。アスリート・ファーストという言葉も聞いたことがありません。当然の価値観なのでキャンペーンを張る必要がないからです。

両方の社会で育ってきた私の感覚でいうと、日本は「生き易いけれど、息苦しい国」ということになります。秩序ある風土を維持しつつ、人権や尊厳を重んじる社会を目指せば、さまざまなことが好転しそうに思います。

そのような視点でスポーツの現場を考えると、やはり選択の機会や失敗する機会が与えられていないように見えます。

少年の試合も、日本は最初から勝つためにやらなければならないことが大人から提示され、非常に制限のかかった中でサッカーをしていると感じます。スペインでは「自分たちが思うようにやってごらん。これとこれだけ約束しよう」と話してピッチに送り出します。

スポーツ現場のパワハラについても、スペインは法に守られているうえ、他者に対するリスペクトの概念が深いからか、小学生など育成年代の試合でもほとんど見かけません。

日本の場合は、パワハラと認定されるブラックなものよりも、他大勢のグレーゾーンが多いようです。人々の感覚が麻痺しているのか、ベンチからプレーしている子どもを怒るコーチが珍しくない。そうやって萎縮させたら、子どもは自分で考えてプレー選択できません。脳の作業がしづらくなるからです。

移動の機内で観た邦画『フォルトゥナの瞳』のなかで「人は朝起きてから夜寝るまで9000回、何かを選択している」というようなセリフがありました。それなのに、サッカーの時間になったら急にその「決断」という本能を指導者から制御されてしまうのはおかしな話です。

日本の風土をすぐに変えるのは難しいでしょう。せめてスポーツの指導現場では、禁止事項を減らし、子どもたちがたくさんの選択肢から自由に選べる環境で認知力を育んでください。

そのようにして、スポーツの現場から教育そのものを変える。そんな動きが出てくれば、日本はあらゆるスポーツで世界上位に食い込める。そう確信しています。

野獣的な指導者が消えるスペイン

先ごろ、スペインでも著名なスポーツダイレクター（強化部長）と話した際に、「スペインでベスティア系指導者の居場所がなくなってきてるね」という話になりました。ベスティア（Bestia）は野獣的という意味で、いわゆる吠えるタイプの指導者を指します。延々と指示出しを続け、時にペットボトルを叩きつけたり、審判や相手チームに圧をかける。一昔前までは、情熱的だ、熱血監督だなどと美化されていました。

それが最近では「人権リテラシーへの意識が低い国に居場所を求めて移動している」と教えてくれました。もちろん、それらの国で活躍している指導者が野獣的だと言いたいわけではありません。このスポーツダイレクターが「これまで知り合った監督のなかで圧倒的なフットボールの知識と理解が深い優秀な監督」と思う人もいるそうです。

でも、その監督を「自分のクラブでは絶対に採らない」と彼が断言するように、フットボール界が求める指導者のプロファイルは急速に変化してきている。これは良い傾向だと感じました。

プロでもそうなので、育成現場はこの傾向がさらに加速しそうです。

特にスペインという国では、選択しているフットボールスタイルを育むのに野獣派は合いません。なぜなら、認知力を養えないからです。スペインフットボール協会が特別なキャンペーンをしたわけではありませんが、認知力の重要性が浸透しているのかもしれません。

スペインではパワハラのようなことは起きませんが、フットボールを語るときに選手ではなく自分（監督自身）を主語にしてしまう野獣的な指導者が少なくないのが実情です。彼らは、昔のやり方を引きずるベテランコーチというわけではなく、年齢は関係ありません。選手時代から得てきた学びと環境によるようです。20代のコーチもいます。

そのような現状を見るにつれて、生きてきた時代ではなく環境がものをいうことと、良きにつけ悪しきにつけ文化は継承されてしまうことを思い知らされます。と同時に、私たちが取り組んできた環境の整備や、学びの場の創出の重要性をひしひしと感じています。

指導者の話をすると、ではスペインの保護者はどんな感じだろうと好奇心がわくかと思います。スペインでも人数は少ないですが熱心すぎる保護者はいます。

このため、私たちのほうでさまざま工夫を施します。例えば、私たちの3、4、5歳児のクラスに、「フットボール教室」という名前をつけてないことを第2章で伝えました。指導するのはいずれも純然たるフットボールのコーチなのですが、単に幼児のクラスとして募集をかけます。

これは、わが子を何が何でもプロにしたいというような過度な執着をもたれないようにする意味もあります。私たちクラブのこだわりであり、保護者の熱を下げる工夫です。

例えばバスク地方は、バスク自治州政府の意向でマルチスポーツを推奨しており、基本小学生年代のフットボールチームをもちません。最近でこそ、ラ・リーガ1部所属全20クラブのU12が集う大きな大会があるので、小学6年生からチーム構成をし始めている傾向がみられるものの、アスレティックビルバオ、レアルソシエダ、アラベス、エイバルなどのプロクラブでも基本的には中学1年生の年代から育成組織のチームをもちます。

バスクはスペイン国内においてもスポーツ王国です。他のエリアよりも体格が大きく、各競技で代表級のアスリートを多く輩出しているのが特長です。ひとつのスポーツに特化することがその競技で優秀な選手を生むという考えではなく、さまざまな競技に触れさせてから専門を絞ることが優秀なアスリートを生む、良好なスポーツ文化を形成することにつながると考えられています。

このため、右記のようなビッグクラブは少年チームをもちません。もたない代わりに、彼らは学校レベルでのスポーツをサポートしています。そして、中学生年代に上がったときに、そのなかから有望な子どもをスカウトしてチームをつくっています。

終章

好きだからこそ本質を探究したい

「チャーハンでも炒めてろ！」ヤジを受けた監督時代

20代で指導者の道を歩み始めたころのことです。練習を終え帰宅すると、留守番電話にメッセージが残っていました。

「おまえなんか、日本に帰ってしまえ」

まったく聞き覚えのない男性の声でした。どこから電話番号を入手したのか、全く見当がつきません。その日は私が取材を受けた様子がテレビで放送された翌日だったので、そのことと関係があることは察しがつきました。

日本人の20代の女性が、スペインで男子のユースチームの監督に就任したことは珍しかったのでしょう。メディアへの露出が増えたのです。

そんな経験をした10年ほど後、２００３年に日本のＳ級ライセンスに相当するNIVEL III（レベル３）を日本の女性として初めて取得。同じ年に当時スペインリーグ３部のプエルタ・ボニータの監督に就任しました。３部ではありますがスペインリーグのチームを日本人が、しかも30歳の女性が務めるのは異例でした。低迷したチームをシーズン途中で引き受けたため、監督業よりメディア対応でへとへとになった記憶があります。

翌年、アトレティコ・マドリードの女子を率いた年は、試合中のスタンドからかなりのヤジを受けました。


「チャーハンでも炒めてろ！」

このような心ない言葉や剝き出しの敵意には、すでに慣れていました。凝ったヤジだなと思ったときは、振り向いて微笑んだりしました。

私への厳しいまなざしはサポーターに限りませんでした。指導者のマーケットでサバイバルしていることを何度も痛感させられました。ライセンス取得のために学校で学んでいるときは親切だったのに、私が彼らのポストや利害に影響を及ぼす存在になると、態度が変わっていったのです。


異国で生きようとすれば必ずついてくる人種差別、性差別に直面する一方で、「差別されない」喜びも味わいました。

高校卒業後に父の転勤のためスペインに住んだ私は、19歳で指導者になりたいと思いつき、スペインフットボール協会に問い合わせました。

「指導者になりたいので、ライセンス講習を受けたいです。ただ、もうわかっていると思うのですが、私は外国人です。それから年齢がまだ19歳です。しかも、女性です。大丈夫でしょうか？」

日本人、19歳、女性という3点の懸念事項を率直に打ち明けました。

すると、電話口のダイレクター（責任者）は困ったような声で答えました。

「えっと、でもさ、君と僕、今普通に会話しているよね。スペイン語を理解できているよね。じゃあ問題ないよね。それから、年齢は条件が16歳以上だから、19歳なら問題ないよ。あと……女性ですが、って？　聞かれている意味がわからないなあ。女性は男性よりもフットボールの理解度が低いの？　性別は関係ないでしょ？」

えっ？

女性であることが問題でない。そのことが私には衝撃的でした。自分を丸ごと受け入れてもらったような気がして、こころが躍りました。

「ああ、私はこの国だったら生きていけるかもしれない」

女性受講者の第一号になりました。スペインの女性も未踏の地でした。

女子だから1年間入団拒否

この国でなら生きていけるかも――私がそう思ったのは、苦い経験があったからです。

小学2年生のときに、サッカーに出会いました。同級生の男の子がある日、サッカーボールを持って公園にやってきました。「今日はこれで遊ぼう」と言って教えてくれました。手は使ってはいけないこと。パスとドリブル、ゴールに蹴り込んだら1点だということ。すべてが新鮮でした。

以来、私はどっぷりとサッカーにはまっていきます。私が校庭で校舎の壁を相手にボールを蹴っている横で、少年団に所属している男の子たちは、オレンジ色のユニフォームを着て試合や練習をしていました。

私はそこに入れてもらえません。大人に「君もやってみる？」と誘われることはありませんでした。毎日、毎日、真っ暗になるまで校庭でボールを壁に向かって蹴り続けました。

その姿を毎日見ていた1学年上のハシモト君のお母さんが、とうとうわが家にやってきました。

「佐伯さん、それぞれ家族、家庭で育て方はあるかもしれないけれど、あんなにサッカーが好きな子をなぜ少年団に入れてあげないの？」

見ているのが、いたたまれなくなったのでしょう。深刻な顔で私の母に訴えました。

わが家は放任主義で、やりたいと言えばやらせるけれど、親のほうからあれこれと世話を焼くような両親ではありませんでした。しかも、母はサッカー自体わからないし、少年団のことも知りませんでした。

こうして、ハシモト君のお母さんが入団交渉をしてくれることになったのですが、即日決裂しました。

「女の子はダメ」

理由は、ボールが顔に当たってけがをしたら誰が責任をとるのだ？　というものでした。時は1980年代。およそ40年前です。

夢は泡となって消え、壁打ちに逆戻り。ユニフォームを着た男の子たちが楽しそうにプレーをしている校庭の片隅で、私はひとり「キックの仕方」などが書かれている本と格闘していました。砂ぼこりにまみれた本を見ながら、インステップやトーキックを写真やイラストを見ながら練習しました。

2年生から3年生になるまで1年間、孤独な練習に明け暮れました。その姿をまたも見かねたハシモトさんは、「監督、この子です」と連れていきました。

サッカー少年よりも日焼けした真っ黒な顔。短パンでショートカットの、常に男子と間違えられていた私を見た監督は「あ、この子か」とひとこと言って入団を許可しました。

その後、小学6年生と中学1年生の間だけ台湾の日本人学校でサッカー部に所属し、高校ではプレーする環境に恵まれませんでした。私は5年弱の経験しかありません。スペインに来てすぐに女子チームに入れたことは、このうえない喜びでした。

鳥肌が立つくらいサッカーが好き。

だからこそ、その本質を探究したい私にとって、ビジャレアルは運命のクラブだったのです。

佐伯夕利子［さえき・ゆりこ］

1973年、イランのテヘラン生まれ。03年スペインの男子リーグ3部で女性初の監督に就任。翌年よりアトレティコ・マドリード女子チーム監督や普及育成副部長等を務めた。07年、バレンシアCFでトップチームを司る強化執行部のセクレタリーに。『ニューズウィーク日本版』で「世界が認めた日本人女性100人」にノミネートされる。08年ビジャレアルCFと契約、育成部でスペイン代表を育てる重要なポストを担う。10年からは女子部統括責任者兼トップ監督に就任するなどクラブをけん引。18〜22年Jリーグ持任理事、常勤理事。現WEリーグ理事。

企画・構成：島沢優子
校正：小学館出版クォリティセンター
DTP：昭和ブライト
編集：青山明子

教えないスキル
ビジャレアルに学ぶ7つの人材育成術

二〇二一年 二月六日　初版第一刷発行
二〇二三年 五月二十三日　第五刷発行

著者　佐伯夕利子
発行人　青山明子
発行所　株式会社小学館
〒一〇一-八〇〇一 東京都千代田区一ツ橋二ノ三ノ一
電話　編集：〇三-三二三〇-五五四二
販売：〇三-五二八一-三五五五
印刷・製本　中央精版印刷株式会社

Printed in Japan ISBN978-4-09-825391-3